쓰는 만큼 ——— 내가 된다

쓰는 만큼 내가 된다

매일의 순간이 모여 내일의 내가 되는 일에 대하여

리니 지음

더퀘스트

프롤로그

"이 마음, 통역 되나요?"

얼마 전 〈이 사랑 통역 되나요?〉라는 드라마를 봤어요. 다중언어 통역사인 남자가 글로벌 톱스타 여자의 통역을 맡으면서 시작되는 로맨틱 코미디인데요. 두 사람의 감정이 깊어질수록, 서로 다른 표현 방식 때문에 오해가 쌓이는 상황이 잦아집니다. 좋아하는 여자의 마음을 도무지 알 수 없어 답답해하던 남자는 자신의 스승에게 하소연을 하죠. 여자가 하는 말을 잘 못 알아듣겠다고, 그녀의 마음이 헷갈린다고, 무슨 말을 해야 할지 너무 어렵다고요. 그런 그에게 스승은 이런 말을 건넵니다.

> "못 알아듣겠다니 답답은 하겠네. 근데 못 알아들은 채로 그냥 둘 건가? 통역사라는 사람이? 모르는 말이면 공부를 해야지. 단어도, 순서도, 느낌표인지 물음표인지 자네가 쓰는 말이랑 다를 텐데. 잘 들여다보고 해석해봐."

이 대사를 듣는 순간, 오랫동안 찾아 헤매던 해답을 발견한 기분이었습니다. 사람들이 저에게 왜 기록을 해야 하냐고 물을 때마다 매번 딱 떨어지는 대답을 찾지 못해 싱거운 말들로 얼버무리곤 했거든요. 다른 건 꾸준히 하지 못하더라도, 매일 책상에 앉아 노트를 펼치고 한 줄이라도 적었던 이유를 명확히 알게 됐어요. 저 역시 '통역'이 간절했기 때문입니다.

타인의 언어를 못 알아들을 때보다 더 난해한 일이 있어요. 바로 '나의 언어'를 해석하지 못할 때입니다. 분명 내 마음인데도 알 수 없을 때가 얼마나 많은가요. 이유 없이 눈물이 핑 돌고, 다 가진 것 같은데도 공허하고, 누군가의 사소한 말 한마디에 상처 입어 며칠을 앓기도 합니다. 내면에서 일어나는 감정의 파동들이 마치 '외계어'처럼 낯설게 느껴져 도대체 이게 무슨 일인가 싶죠.

시시때때로 변하는 내 마음의 언어를 당최 알아들을 수가 없을 때면, 선택지는 두 가지였습니다. 모르는 척 외면하든지, 못 알아듣더라도 마주하든지. 통역사가 모르는 언어를 그냥 두면 통역을 할 수 없듯, 나도 나 자신을 모르는 채 내버려 두면 인생을 온전히 살아낼 수 없다는 생각이 들었어요. 그래서 후자를 택하기로 했습니다. 노트를 펼쳐 뭐라도 적어 내려가는 방법으로요.

제게 '쓰는 시간'은 엉켜 있는 내면의 언어를 종이 위에 꺼내놓고 요리조리 순서를 바꿔가며 들여다보는 일입니다. 나라는 낯선 세계를 정성스럽게 해석하려는 노력이기도 하고요. 여전히 무슨 의미인지 헷갈리기도 하고, 오역을 하는 날도 더러 있어요. 만사가 귀찮아 다 내려놓고 싶은 날도 있고요. 하지만 나라는 세계를 해석하고 기록하는 이 수고스러운 일을 멈추고 싶진 않습니다. '쓰는 만큼 내가 된다'는 비밀을 알아버렸거든요.

나의 마음을 통역한 글이 차곡차곡 쌓이자 흐릿했던 마음의 윤곽이 조금씩 또렷해지기 시작했습니다. 무엇을 좋아하는지, 어떤 일에 가슴이 뛰는지, 걱정을 하는 진짜 이유가 무엇이었는지, 하루가 왜 무의미하게 느껴졌는지, 하나하나 정리가 되더라고요.

그간 강연이나 북토크, 댓글로 수많은 기록 친구들을 만나며 삶과 기록에 관한 다양한 사연을 들었습니다. 타인의 고민에서 마치 거울을 보듯 저의 지난날을 마주하기도 했고, 여전히 답을 찾아 헤매는 오늘의 저를 만나기도 했죠.

그때마다 꼭 해주고 싶은 말이 입안을 맴돌았습니다. 당신이 안고 있는 크고 작은 고민들은 결코 당신 혼자만의 것이 아니라고, 나라는 낯선 세계를 이해하는 일은 거창한 결심이 아니라 오늘 단 한 줄이라도 써 내려가는 데서 출발한다고 말이죠.

이 책에는 그 사연들과 함께, 미처 다 전하지 못했던 마음을 담았어요. 책장을 넘기며 나와 닮은 고민을 하는 이들이 있다는 사실이 위로로 다가갔으면 합니다. 동시에 나라는 사람을 이해하기 위해 더듬거리며 써 내려간 제 서툰 기록이 작은 용기로 전해지면 좋겠습니다.

얽히고설킨 내 마음의 언어를, 내가 알아들을 수 있는 언어로 다정하게 통역해줄 수 있는 여러분이 되기를 바라며.

2026년 3월

기록으로 다정한 마음을 건네는 사람,

리니 드림

차 례

이 책을 맛있게 읽는 법

기록은 요리와 비슷해요.
레시피만 읽어서는 맛을 알 수 없죠.
직접 만들어봐야 내 입맛에 맞는지 알 수 있어요.

일상을 기록하는 스무 가지 레시피를 참고해서
나의 오늘을 맛있게 요리해보세요.
그대로 따라 해도 좋고, 나만의 재료로 바꿔봐도 좋아요.
결국 가장 맛있는 건 내 손맛이 들어간 나만의 레시피니까요.

1. 스트레스 받을 땐 매운 거, 기운 없는 날엔 뜨끈한 국물이 당기듯 마음 상태에 따라 필요한 기록도 달라요. 각 챕터는 꼭 순서대로 읽지 않아도 돼요. 지금 내 마음 상태에 맞는 레시피를 골라보세요.
2. 각 챕터를 읽고, 끝자락의 기록 레시피에서 재료와 방법을 확인해요.

3. 레시피에 나온 재료 혹은 나만의 재료를 활용해서 기록을 시작해보세요. 서툴러도 괜찮아요.

매일 먹는 음식이 몸을 만들듯,

매일 쓰는 기록이 나를 만들어요.

마음에 든 레시피가 있다면 꾸준히 써보세요.

쓰는 만큼, 내가 되니까요.

NO. 001

내 일상의 B컷 모음집

#주간 포토 덤프

스마트폰 갤러리 앱을 열면 한숨부터 나와요. 정리되지 않은 사진이 2만 장 넘게 쌓여 있거든요. 길가의 들꽃, 퇴근길 노을, 맛있는 음식, 친구들의 얼굴…. 스쳐 지나가는 일상을 사진으로 남겨두는 것 자체가 소소한 행복이라 사진을 자주 찍는 편인데, 문제는 너무 많아서 어디서부터 손을 대야 할지 엄두가 안 난다는 거예요. 마음 같아선 날짜별로 베스트 사진을 정리하고 그날의 감상도 남기고 싶은데, 엄청난 숙제처럼 느껴집니다.
흔들린 사진, 핀이 나간 사진들도 막상 삭제하자니 쓸모가 없어진 것 같아 마음이 안 좋아요. 스마트폰의 사진 하나 정리 못 하고 이런저런 생각만 많은 제가 너무 답답합니다.

_사진첩도, 머릿속도 뒤죽박죽인 Q

강연하기 전, 아이스 브레이킹 시간에 저는 가끔 이런 제안을 해요. "지난 일주일 동안 찍은 사진 중에서 가장 마음에 드는 사진 딱 한 장만 골라보세요. 1분 드릴게요."

그 순간부터 강연을 듣고 계신 분들의 손가락이 그 어느 때보다 바쁘게 움직여요. 갤러리 앱을 열고, 스크롤을 내리고 또 내리고, 올렸다가 다시 내리고…. 시간 종료 알람이 울리면 여기저기서 민망한 웃음이 터져나오죠. "사진이 너무 많아서 한 장은 도저히 못 고르겠어요!"

북토크나 강연에서 늘 비슷한 풍경이 펼쳐지는 걸 볼 때마다 새삼 생각하게 됩니다. 남녀노소 상관없이 모두들 사진을 정말 많이 찍는구나, 그리고 정리를 어려워하는구나 하고요.

언제 어디서나 내 삶의 한 순간을 포착해 사진으로 남길 수 있다는 건 분명 축복이에요. 찍어두기만 하면 언제든 다시 꺼내어 볼 수 있으니까요. 그런데 너무 쉽게, 너무 많이 찍다 보니 정리가 되질 않는 게 문제이기도 해요. 쓰지 않는 물건을 창고에 쌓아두기만 하는 느낌이랄까요. 예뻐서, 귀여워서, 소중해서, 기억하고 싶어서 일단 담아뒀는데 어디에 무엇이 있는지도 모른 채 먼지만 계속 쌓이는 거죠. 이 디지털 창고 앞에서 막막함을 느끼는 건 Q 님만이 아닐 거예요.

정리되지 않은 그 자체로도 충분하다

Q 님처럼 정리에 관한 고민을 하는 사람들이 많았나 봐요. 2024년쯤 인스타그램에서 포토 덤프(Photo Dump)가 엄청난 붐을 일으켰거든요. 완벽한 A컷 한 장이 아닌, B컷을 포함한 여러 장의 사진을 무심하게 올리는 거예요. 그때 얼마나 인기가 많았는지 네이버 블로그에서 포토 덤프 챌린지까지 대대적으로 열릴 정도였어요. 지금은 살짝 시들해지긴 했지만요.

저는 지금도 블로그를 활용해 '주간 포토 덤프'를 꾸준히 해오고 있어요. 처음엔 유행 따라서 올려봤는데, 날것의 사진이 주는 매력이 분명히 있더라고요. '베스트 컷'이 오래도록 기억될 영화의 명장면이라면, 포토 덤프에 올린 수많은 사진은 비하인드 스토리였어요. 원래 하이라이트보다 배우들의 현장 에피소드나 쿠키 영상이 더 재밌는 법이잖아요.

제 주말 루틴 중 하나는 일주일간 찍었던 사진을 블로그에 첨부하고 비공개로 발행하는 건데요. 이때 신경 쓰는 부분은 딱 하나예요. 일주일의 일상에 제목을 붙이는 것. 블로그는 제목란에 단 한 글자라도 적어야 발행 버튼을 누를 수 있거든요. 빈칸으로 두면 제목을 입력해달라는 알림이 떠요. 저는 그 알림이 마치 이렇게 말하는 것 같더라고요.

'네가 살아온 시간, 생각, 감정에 뭐라도 좋으니 이름을 붙여봐. 꼭 근사한 문장이 아니어도 돼. 점 하나만 찍어도 괜찮으니까, 너의 일상을 남겨봐.'

그래서 거창한 의미가 담긴 제목보다는 첨부한 사진을 보다가 문득 떠오르는 생각을 제목으로 쓰곤 합니다. 여러 장의 사진을 올리고, 내가 살아온 시간에 제목을 붙이는 일. 구구절절 코멘트를 다는 것보다 부담은 적으면서도, 꽤나 괜찮은 기록 방법이더라고요.

이따금 블로그에 들어가 포토 덤프 포스트의 제목을 읽어보곤 해요. 스크롤을 내리며 첨부해둔 사진을 쭉 살펴보기도 하고요. 볼 때마다 소중했던 순간을 버리지 않고 모아두길 잘했다는 생각이 들어요. 사진을 찍을 땐 미처 생각하지 못했던 감정을 마주하기도 하고요.

윤광준 님의 책 《심미안 수업》을 보면 이런 구절이 나옵니다.

> "사진이 가두어낸 그 시간 속으로 들어가서, 사진기 밖에 있었던 것들을 상상해보는 것. 그것이 진정으로 사진의 미학을 대하는 태도다."

사진은 정리하지 않아도, 꼭 '최고의 컷'을 찾지 않아도 되더라고요. 도란도란 나누던 이야기, 코끝을 스치던 계절의 냄새, 맞잡은 손의 따스한 온기, 평생 잊고 싶지 않은 찰나까지. 내가 원할 때 사진이 담아둔 시간 속으로 들어가, 프레임 밖에 머물던 순간을 떠올릴 수 있다는 것만으로도 이미 충분하니까요.

Q 님은, 수많은 사진을 정리하지 못한 게 아니에요. 언제든 내가 머물던 삶의 한 순간으로 들어갈 수 있는 수만 개의 문을 만들어두신 거죠. 그러니 정리에 대한 부담은 이제 조금 내려놓으셔도 될 것 같아요.

생각난 김에 블로그를 열어 2025년 10월 26일에 올린 '5년 치 효도하고 집으로'라는 제목의 포스트를 클릭해 사진을 쭉 봤어요. 한 쇼핑몰에서 구매한 몰스킨 한정판 노트, 꼭 가보고 싶었던 서점의 풍경, 하루 세 번 먹으라고 해도 먹을 수 있을 것 같았던 닭구이, 살면서 처음 본 아기 같은 엄마의 표정, 한국에 오자마자 남편과 첫 끼로 먹은 불고기 정식까지…. 사진이 가두어낸 시간 속으로 들어갔다가 사진기 밖에 있었던 순간을 떠올리며 나왔답니다.

Q 님의 갤러리 속에는 과연 어떤 시간이 Q 님을 기다리고 있을지 궁금해지는 밤이에요.

'주간 포토 덤프' 레시피

재료

- 네이버 블로그
- 노션

재료 선정 팁

평소에 자주 들어가는 디지털 공간에 기록을 남겨보세요. 티스토리 블로그, 구글 드라이브 등 다양한 도구가 있어요.

기록하는 법

1. 일주일 사진 모으기

- 어떤 사진이든 좋습니다. 기억하고 싶은 순간을 찍어두세요.
- 일주일에 한 번, 포스팅할 시간을 미리 정해두면 좋습니다.

2. 블로그에 쏟아붓기

- 간직하고 싶은 사진들을 주르륵 첨부하세요.
- 사진 하나하나에 코멘트를 달지 않아도 괜찮아요.

• 비공개 설정으로 발행하면 나만 볼 수 있어요.

3. 제목 붙이기	'지독한 감기와의 사투, 그리고 첫눈'처럼 그 주를 떠올릴 수 있는 나만의 제목을 붙여주세요.
4. 되돌아보기	• 가끔 블로그에 들어가 쌓여 있는 포토 덤프 제목들을 쭉 읽어보세요. • 마음이 가는 한 주를 골라 클릭해보세요. 사진을 따라 스크롤을 내리면, 그 주에 무엇을 했는지, 기분은 어땠는지 생생하게 떠오를 거예요.

포인트

고르고 또 골라서 완벽하게 정리하려다 보면 결국 아무것도 못 하게 되더라고요. 다섯 장이든 50장이든 상관없어요. 마음 편하게 첨부하고, 제목 하나 붙이는 것부터 시작해보세요. 가지런히 정돈된 기록보다 꾸준히 이어간 기록이 나중엔 더 큰 선물이 될 테니까요.

당신이 살아온 시간, 생각, 감정에 이름을 붙여보세요.

꼭 근사한 문장이 아니어도, 점 하나만 찍어도 괜찮아요.

No. 002

싫어하는 것을 건져내면, 좋아하는 게 남습니다

#불호 채집

주변에 취향이 뚜렷한 사람이 많은데요. 저는 살면서 무언가에 미치도록 푹 빠져본 경험이 없거든요. 그래서 그런 사람들을 보면 신기하기도 하고, 솔직히 부럽기도 합니다.
누가 제게 “너는 요즘 뭐 좋아해?”라고 물으면 마땅히 할 말이 없어요. 그림도 그려보고, 뜨개질이나 비즈 공예에도 도전해보고, 이것저것 기웃거리긴 하는데 딱히 ‘이거다!’ 싶은 것도 없고, 금방 시들해지더라고요.
이렇게 미지근한 저도 ‘나만의 취향’이라는 걸 가져볼 수 있을까요?

_취향이 없어서 의기소침한 20대 Y

학창 시절, 유독 눈에 띄는 친구가 있었어요. 버튼의 숫자가 거의 다 지워진 구형 휴대폰을 들고 다녔고, 유행하는 아이돌 노래가 아닌 로린 힐의 〈Can't take my eyes off of you〉 같은 R&B 감성이 충만한 팝송을 들었죠. 잔스포츠 백팩이 유행일 땐 혼자 이름 모를 브랜드의 백팩을 메고 다녔어요. 유행을 따르지 않는데도 촌스럽거나 뒤처지는 느낌이 없었고, 오히려 자기만의 세계가 단단해 보이던 그 친구가 어찌나 멋있어 보였는지 몰라요.

성인이 되면서 그런 사람들을 더 자주 만나게 됐어요. 주말마다 전국의 캠핑장을 찾아 떠나던 직장 동료, 매년 좋아하는 가수의 콘서트 티켓팅을 하는 친구, 나라별 원두 이름과 특징을 줄줄 꿰고 있는 커피 마니아까지…. 이른바 '덕질 DNA'를 타고난 것 같은 그들을 볼 때면 저도 Y 님과 똑같은 고민을 했어요. '도대체 나는 왜 저들처럼 미치도록 좋아하는 게 없을까.' 색깔이 선명한 그들 틈에서, 제 취향은 너무나 무색무취였고, 한없이 초라하게 느껴졌어요.

억지로 취향을 가지려 애쓴 적도 있었어요. SNS에서 추천하는 장소를 일부러 찾아가 본다든가, 요즘 사람들이 많이 보는 영화라기에 굳이 티켓을 예매하기도 했지요. '취향을 찾으려면 이 정도 노력은 해야지!' 하는 마음으로요. 하지만 좋아서 자발적으로 한 일이 아니라, 좋아해야 할 것 같아서 억지로 한 숙제 같은 일이었어요. 즐거움이 빠진 노력은 그저 고된 노동일 뿐이었죠.

그러다 보니 맞지 않는 옷을 억지로 껴입은 듯 몸이 답답하고 마음은 고단해지더라고요. 세상은 참 쉽게 말하잖아요. "네가 진짜 좋아하는 걸 찾아봐"라고요. 하지만 취향이 희미한 사람에게 그 말은, 마치 지도 한 장 없이 낯선 사막 한가운데서 알아서 길을 찾아오라고 하는 것과 같았어요. 어디서부터 발을 떼야 할지조차 알 수 없었으니까요.

그렇게 답답함이 계속되던 어느 날이었어요. 약속이 있어 친구를 만났는데 친구가 저녁 메뉴로 뭘 먹고 싶은지 묻더라고요. 특별히 좋아하는 음식이 없어서 저는 식사 메뉴를 묻는 말에는 늘 같은 대답을 하거든요. "아무거나, 너 먹고 싶은 거 먹자"라고요. 그러자 친구가 되물었어요.

"그럼 싫어하는 건 뭐야? 이건 죽어도 먹기 싫다 하는 거." 그 질문을 듣자마자 '아무거나'라던 대답은 온데간데없이 사라지고 갑자기 랩을 하듯 싫어하는 음식들을 줄줄 읊어대기 시작했어요.

“나 곱창은 절대 안 먹어. 그 특유의 냄새랑 질겅질겅 씹는 식감이 별로거든. 닭발이나 족발처럼 너무 적나라한 모양의 음식도 못 먹어. 아, 맞다. 선지, 간 같은 것도 싫어해. 천엽, 생간, 도가니, 돼지 껍데기도….”

결국 저녁 메뉴는 베트남 음식으로 정했답니다. 쌀국수 국물을 안주 삼아 친구에게 취향에 대한 열변을 토했어요. 나는 취향이 없는 사람이라고 생각했는데 그렇지 않다는 걸 네 덕분에 알게 되었다고. 이렇게나 명확하게 싫은 것들을 알고 있다는 게 큰 수확이라고. 싫은 것을 제대로 안다는 건 그 반대 영역에 있는 것들을 좋아한다는 뜻 아니겠냐고. 취향의 형태는 꼭 하트 모양은 아닌 것 같다고. 무언가를 열렬히 사랑하지 않는다고 나의 취향이 없는 건 아니라고….

하고 싶은 마음이 생기는 방향으로

그날 집으로 돌아오자마자 제가 좋아하지 않는 것들, 즉 싫어하는 것들과 나를 불편하게 만드는 것들을 적어두려고 ‘불호 채집' 노트를 만들었어요. 노트 한 페이지를 반으로 나눠서 위쪽에는 싫어하는 것을 적고, 아래쪽에는 그 반대의 것들을 생각해서 적는 거예요.

사람 많은 핫 플레이스 → 조용한 동네 서점

너무 밝은 백색 조명 → 은은한 주황빛 조명

촘촘한 일정 → 여유가 있는 일정

이 리스트를 지침 삼아, 싫어하는 것들을 일상에서 걸러내고, 그 반대편을 차근차근 탐색하기 시작했어요. 사람이 많은 곳 대신 조용히 집중할 수 있는 나만의 아지트를 찾아다녔는데, 그 과정에서 우드톤의 차분한 인테리어를 좋아한다는 사실을 알게 되었답니다. 집의 거실 조명을 주황빛으로 바꾸면서는 여러 브랜드의 조명 위시리스트도 생겼어요. 일정이 촘촘하게 잡힌 날엔 일부러 틈을 만들어 '10분 멍 때리기'를 꼭 실천했고요. 싫어하는 것들을 하나씩 걷어내다 보니, 놀랍게도 좋아하는 것들이 모습을 드러내기 시작했어요. 미켈란젤로가 남긴 유명한 말처럼요.

"조각상은 이미 대리석 안에 완성되어 있다. 나는 그저 불필요한 부분을 걷어내려 했을 뿐이다."

사람들은 취향을 찾기 위해 새로운 것을 자꾸 더하려고 해요. 더 많이 경험하고, 더 많이 시도해야 알 수 있을 거라고 믿죠. 물론 다양한 체험 속에서 내가 좋아하는 무언가를 찾기도 해요. 하지만 취향이란 조각하듯 불필요한 것, 싫어하는 것들을 깎아내는 과정에서 또렷해지기도 하더라고요.

취향(趣向), 한자를 풀어서 보면 '하고 싶은 마음이 생기는 방향'이라는 뜻이에요. 어디로 가야 할지 모르겠다면 반대로 가기 싫은 방향이 어딘지를 먼저 찾아보는 것도 괜찮아요. 내게 맞지 않는 것들을 하나씩 덜어내다 보면, 이미 내 안에 완성되어 있던 나만의 취향을 생각보다 빨리 발견하게 될 수도 있거든요.

자, 가장 쉬운 것부터 시작해볼까요? Y 님은 어떤 음식을 싫어하나요?

'불호 채집' 레시피

재료

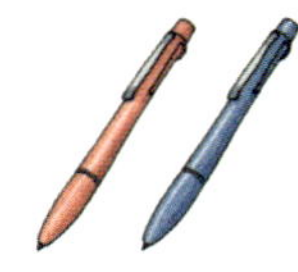

- 미도리 MD노트 저널
- 유니 제트스트림 라이트터치 4&1멀티펜

재료 선정 팁

- 여러 내지 중에서도 '그리드 블록' 내지를 추천해요. 한 페이지가 네 칸으로 나뉜 모눈 노트라 내용을 구분해서 적기 아주 편하거든요. 무엇보다 날짜가 적혀 있지 않아서 빈칸을 채워야 한다는 강박 없이 쓸 수 있답니다.
- 제트스트림 라이트터치는 이름처럼 '가벼운(Lite)' 터치감이 특징이에요. 싫어하는 것들을 종이 위에 툭툭 가볍게 던져버리는 기분으로 적어보세요. 잉크 찌꺼기 없이 산뜻하게 써지는 것처럼 기분도 상쾌해질 거예요.

기록하는 법

1. 노트 페이지를 나누기

노트 한 페이지를 접거나 선을 그어 두 칸 혹은 네 칸으로 나눠주세요. 만약 길게 쓰는 게 부담스럽다면 칸을 더 잘게 쪼개보세요.

2. 싫어하는 것 수집하기

'이건 정말 싫다, 절대 못 하겠다, 불편하다, 별로다' 하는 것들을 위쪽 칸에 적어보세요. 음식, 장소, 분위기, 사람들의 특정 행동, 감정 상태 등 무엇이든 좋아요. '사람 많은 카페', '질긴 음식' 등 짧게 적어도 충분해요.

3. 반대의 것들 적어보기

'싫어하는 것'의 반대편에 있는 것들을 아래 칸에 적어보세요. 싫은 이유를 살피다 보면 그곳에 내 취향의 결정적인 단서가 숨어 있을 거예요.

4. 걸러내기

싫은 것을 일상에서 하나씩 덜어내는 작은 시도를 해보세요. 사람 많은 카페 대신 한적한 공간에 가보거나 빡빡한 주말 약속 대신 아무 계획 없는 하루를 보내는 거죠.

포인트

'싫다'라는 감정은 생각보다 직관적이고 강력해요. 부정적인 감정이라며 억누르지 말고 이 노트에서는 마음껏 솔직하게 털어놓으세요. 싫어하는 게 명확하다는 건, 그 뒷면에 내가 원하는 것이 그만큼 뚜렷하게 존재한다는 증거이기도 하니까요.

취향이란 조각하듯 불필요한 것, 싫어하는 것들을

깎아내는 과정에서 또렷해지기도 합니다.

NO. 003

알고리즘을 끄고
내 관심을 켜는 시간

#북 위시리스트

종일 스마트폰만 붙잡고 사는 직장인입니다. SNS의 '이건 꼭 봐야 해', '놓치면 후회할 거야', '지금 가장 핫해', '당신만 모르고 있어요' 같은 메시지들에 혹하는 편이거든요.

처음엔 '오, 유용하겠는데?' 하는 마음으로 봤어요. 그런데 하나를 보면 10개가 뜨고, 지금 안 보면 영영 뒤처질 것 같은 불안감에 스크롤을 멈추는 게 점점 어려워져요.

다 보고 나면 정작 뭘 봤는지 기억도 안 나는데 말이죠.

이렇게 살다가는 평생 남들이 중요하다고 말하는 것만 쫓아다니며 살 것 같아 두렵습니다. 남에게 휘둘리기만 하는 저, 어떻게 해야 할까요?

_알고리즘에 휘둘리는 M

M 님의 고민을 읽으면서 사실 좀 뜨끔했어요. 막연한 두려움과 조바심을 유발하는 저런 유의 썸네일 제목을 고민하던 시간이 제게도 있었거든요. 모르면 큰일 날 정보처럼 가공하면 반응이 좋다 보니, 많은 사람이 자극적인 제목의 콘텐츠를 업로드하는 것 같아요.

저도 그 안에서 완전히 자유롭지는 못하지만 되도록 그런 말들을 사용하지 않으려 노력하고 있습니다. 콘텐츠를 보는 분들에게 불필요한 불안감을 조장해 소중한 시간을 빼앗고 싶지 않거든요.

한편으로는 M 님처럼 누군가가 올린 콘텐츠를 소비하는 사람으로서 달콤한 유혹에 넘어갈 때가 많아요. 살림 계정을 보다가 지금 당장 필요하지 않은 스테인리스 프라이팬을 산다거나, AI 트렌드에서 뒤처질까 봐 밤늦도록 검색창을 붙들고 있기도 하고, 러닝 아이템에 꽂혀 종일 쇼핑몰 사이트를 기웃거리던 날도 있었죠. 그렇게 한참을 스마트폰에 코를 박고 있다가 고개를 들면, 영양가는 하나도 없는 불량식품으로 위장을 채운 기분이었어요. 배는 부른데 속은 묘하게 헛헛한 느낌 있잖아요.

미하이 칙센트미하이가 쓴 《몰입의 즐거움》을 읽다가 문득 시선이 멈춘 문장이 있었어요. 행복한 삶을 만드는 가장 중요한 재료는 돈도, 시간도 아닌 '주의력'이라고 말하는 문장이요. 저자는 주의력이란 화수분처럼 솟아나는 게 아니라 한정되어 있어서, 시간이나 건강처럼 아껴 써야 하는 자원이라고 말해요. 내가 눈길을 어디에 주느냐가 곧 나라는 사람을 결정짓는다면서요.

이 한정되어 있는 주의력을 그동안 스마트폰 속 알고리즘에게 헐값에, 아니 공짜로 넘겨주고 있었다니. 더 이상은 제 마음을 뷔페처럼 아무나 퍼가게 두고 싶지 않았어요. 자극적인 콘텐츠들이 허락도 없이 야금야금 훔쳐간 주의력을 더 늦기 전에 찾아오기로 결심했죠. 다행히도 방법은 있었어요. 내가 원하는 곳에 주의력을 정성껏 기울이는 연습을 하면 되더라고요.

그 첫 번째 연습 장소로 오프라인 서점을 선택했어요. 서점은 제 주변에 남은 유일한 알고리즘 청정 구역이었거든요. 서점의 문을 열고 들어서는 순간 코끝에 훅 하고 느껴지는 책과 공간의 향기, 사람들이 서가를 천천히 거니는 모습, 제가 다가갈 때까지 조용히 기다려주는 책들, 작은 스마트폰 화면에서는 느낄 수 없었던 물성이 주는 안도감까지…. 잃어버린 감각을 되찾기에 이보다 더 완벽한 공간은 없었어요.

서점에 있는 동안은 타인이 떠먹여주는 알고리즘과는 잠시 거리를 두고 오롯이 내 관심사에 집중할 수 있어요. 눈길 한번 줬다고 그와 비슷한 책들이 와르르 달려들지도 않고, 제발 한 번만 읽어달라고 자극적인 말들로 아우성을 치지도 않아요. 알고 싶지 않은 정보에 무방비하게 노출되는 피로감도 없고요. 그래서일까요, 주의력이 온전히 제 것이 되는 기분이 들더라고요.

내 마음과 공명하는 것을 찾아서

한두 시간 정도 서가를 돌아다니며 제 관심사를 수집하는데요. 이때 읽고 싶은 책의 제목을 '북 위시리스트'라는 이름으로 작은 노트에 적어두곤 해요. 한 권의 책 제목에는 한 사람이 오랜 시간 고심하며 쌓아온 세계가 압축되어 있기 때문이에요. 조급함을 부추기는 메시지가 아닌, 누군가의 깊은 사유와 시간이 담긴 문장이죠.

만일 서가를 거닐다 어떤 제목 앞에서 잠시 발길을 멈췄다면, 그건 내 안에 떠다니던 물음표가 그 제목과 딱 마주친 순간이에요. 알고리즘이 억지로 떠민 게 아니라 누군가의 세계와 내 마음이 만나 비로소 공명한 거죠.

2025년 7월 17일 목요일 잠실 교보문고

①《새로운 단어를 찾습니다》

②《일기시대》

③《우리말 한자어 속뜻 사전》

④《배를 엮다》

⑤《사랑의 기술》

⑥《나의 문화유산답사기: 일본편》

⑦《여행하는 일본사》

⑧《듣기의 철학》

⑨《염증 해방》

⑩《말 그릇》

7월의 어느 날 기록했던 책 제목들이에요. 여름의 저는 '단어'와 '일본'에 푹 빠져 있었어요. 《배를 엮다》라는 책은 사전을 편집하고 엮는 사람들의 스토리가 담긴 소설이고, 《새로운 단어를 찾습니다》라는 책은 오랜 시간 사랑받은 사전을 만든 사람들의 이야기거든요.

신기한 건, 저 때 써둔 관심사 덕분인지 그해 11월엔 도쿄 출장을 다녀왔고, 일본어 공부를 시작해 지금까지 꾸준히 하고 있다는 거예요. 그저 제목을 적어뒀을 뿐인데 관심의 씨앗들이 자라나 지금껏 가본 적 없는 새로운 세계에 뿌리를 내리고 있는 거죠.

스마트폰 속 세상만 들여다보고 있었다면 결코 만나지 못했을 순간이에요. 노트에 적어둔 작은 관심이 일상을 이토록 생기 있게 만들 줄은 저도 몰랐거든요. 타인의 목소리에 내 주의력을 내어주는 대신, 온전히 내가 원하는 곳에 마음을 쏟는 일의 기쁨을 알게 됐어요.

물론 책 제목 몇 줄 적는다고 당장 인생이 뒤바뀌진 않을 거예요. 하지만 적어도 내가 어느 쪽으로 가고 싶은지, 그 방향만큼은 알겠더라고요. 누군가가 정해준 알고리즘이 아니라 내 마음이 가리키는 방향을 믿고 나아가는 일. 삶의 변화는 딱 그만큼의 믿음에서 시작되는 것 같아요.

M 님의 마음이 가리키는 곳은 어디일까요? 부디 오늘 유

독 눈길이 머무는 그 책 제목 속에서, M 님을 위한 작은 힌트를 꼭 발견하셨으면 좋겠습니다.

'북 위시리스트' 레시피

재료

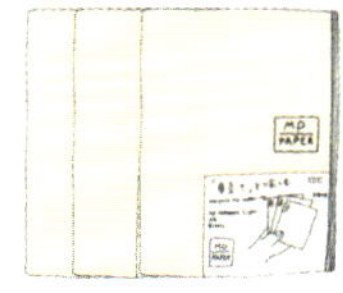

- 미도리 MD노트 라이트
- 블랙윙 연필
- 다양한 책

재료 선정 팁

- 미도리 MD노트 라이트 버전은 가볍고 얇아서 어디든 들고 다니기 편해요. 3권 세트로 구성되어 있는데 차례로 사용하는 것도 좋고, 분야별로 나눠서 기록해도 좋아요.
- 책의 제목을 기록하는 작업이니까 이왕이면 아날로그 느낌을 더하는 연필을 준비해보는 건 어떨까요. 블랙윙 연필 시리즈를 추천해요.

기록하는 법

1. 서가를 천천히 거닐기

- 서점에 들어서면 베스트셀러 매대는 가볍게 지나치세요. 그곳은 오프라인의 알고리즘이니까요.

- 소설, 에세이, 과학, 예술 등 분야별 서가를 천천히 산책하듯 거닐며 책등을 훑어봅니다.
- 스마트폰은 가방에 넣어두길 권해요.

2. 관심이 가는 책의 제목 적기

- 눈에 띄는 책의 제목을 적어보세요. 표지가 예뻐서, 책 내용이 궁금해서, 목차의 첫 줄이 마음에 들어서…. 어떤 이유든 좋습니다.
- 책을 사지 않아도, 다 읽지 않아도 괜찮아요. 우리의 목적은 독서가 아니라 제목을 수집하는 거니까요.

3. 주기적으로 살펴보기

- 집에 와서 혹은 조용한 공간으로 자리를 옮겨 서점에서 수집한 제목들을 천천히 읽어보세요.
- 어떤 단어가 반복되나요? 어떤 주제인가요? 그 안에서 지금 내가 궁금한 것, 위로받고 싶은 것 등 내 마음의 알고리즘을 발견하게 될 거예요.

포인트

이 리스트의 목적은 '좋은 책'을 찾는 게 아니라 '지금의 나'를 발견하는 데 있어요. 타인의 추천이나 베스트셀러 순위가 아닌, 오직 나의 감각으로 채워진 제목들을 통해 내면의 목소리에 귀를 기울여보세요.

NO. 004

매일 똑같은 하루가 반복된다면

#00시의 나

집에서 종일 일하는 3년 차 프리랜서입니다. 남들은 매일 재택근무를 해서 좋겠다고 부러워하지만, 저는 일과 일상이 구분되지 않는 제 삶이 고장 난 것 같아요.
모든 생활이 집 안에서만 이뤄지다 보니 하루의 시작과 끝이 실타래처럼 꼬여버린 기분입니다. 침대에서 눈을 뜨면 바로 사무실이고, 대화할 사람 하나 없는 적막한 방에서 모니터만 보고 있으니 하루가 늘 똑같이 흘러가거든요.
달력을 보지 않으면 오늘이 무슨 요일인지도 잘 모르겠어요. 어제와 똑같은 오늘, 오늘과 똑같을 내일…. 이렇게 매일이 '복사+붙여넣기' 된 듯한 시간을 사는 저, 과연 잘 살고 있는 걸까요?

_똑같은 하루를 보내고 있는 프리랜서 J

J 님의 사연을 읽으며 격하게 고개를 끄덕였어요. 사실 지금의 제 고민이기도 하거든요. 남들은 출퇴근이 자유로워서 좋겠다고 부러워하지만, 일과 쉼의 경계가 사라진 삶을 살고 있는 J 님과 저는 알죠. 그 자유가 때론 얼마나 무서운 말인지를요.

가끔은 그런 생각을 해요. 직장에 다닐 땐 왜 미처 몰랐을까. 매일 똑같은 시간에 출근하고, 정해진 시간에 밥을 먹는 반복적인 일상을 왜 그토록 지루하다고만 여겼을까 하고요. 직장이라는 울타리 밖으로 나와 보니 이제야 알겠더라고요. 지겹다고 느꼈던 규칙적인 루틴이, 사실은 하루가 무너지지 않도록 지탱해주는 최소한의 시스템이었다는 걸요.

24시간이 주어지면 그 누구보다 주어진 시간을 잘 운영하며 살아갈 수 있을 줄 알았거든요. 큰 착각이었어요. 시스템이 사라지자 집은 일과 생활이 뒤엉킨 모호한 공간이 되어버렸고, 그 공간에서 일을 해야 하는 저는 자꾸만 엉뚱한 곳에 시선을 빼앗기게 되었어요. 잠깐 화장실을 가려다 다 돌아간 건조기 문을 열고 홀린 듯 빨래를 개는가 하면, 물 마시러 부엌에 가다가도 바닥의 머리카락이 거슬려 어느새 돌돌이로 밀고 있었어요.

그뿐이 아니에요. 현관에 쌓인 택배 상자가 눈에 밟혀 '저것만 치우자' 했다가 택배 송장을 뜯고 분리수거까지 하느라 30분을 훌쩍 보내기도 하고, 컵 하나 씻으려다 물때 낀 개수대가 보여 기어이 고무장갑까지 끼게 되죠. 점심 먹고 나른해질 땐 또 어떻고요. 출근을 했다면 점심 후 잠깐이라도 산책을 한다든가, 아이스 아메리카노를 들이키며 버텼을 텐데, 바로 뒤에 있는 소파와 침대의 유혹을 뿌리치지 못하고 '딱 10분만…' 하며 눕기 일쑤였어요.

정작 중요한 일은 뒷전으로 밀려나고, 자꾸만 엉뚱한 곳에 에너지를 쏟게 되는 게 가장 큰 문제였어요. 낮엔 집안일에 치이고, 밤엔 밀린 업무를 해치우느라 좀처럼 쉴 틈이 없었죠. 일과 생활의 경계가 희미해진 채 뭘 했는지도 모르게 하루가 흘러가고 나면 허탈함만 남더라고요.

시간이 흐를수록 오직 일에만 몰입할 수 있는 '나만의 공간'이 간절해졌어요. 하지만 무턱대고 아무 곳이나 덜컥 계약할 수는 없었죠. 그전에 내가 어떤 환경에서 잘 몰입하는지, 나에게 꼭 맞는 공간의 조건이 무엇인지부터 스스로 점검하고 싶었어요.

그렇게 이곳저곳 탐색하다 찾아간 곳이 빽빽한 빌딩 숲, 강남역 한복판에 있는 프라이빗 서점이었어요. 28층이라는 높은 층수에 예약자만 이용할 수 있는 곳이라 호기심이 생겼거든요. 시티 뷰가 한눈에 내려다보이는 창가 자리에 앉자, 꽉 막혀 있던 시야가 단번에 트이는 기분이었어요. 저 아래 복잡한 도로 위를 기어가는 자동차들과 바쁘게 오가는 사람들이 까마득하게 보였고요. 지상의 온갖 소음에서 완벽하게 분리된 고요함, 이런 곳이라면 머릿속을 비우고 일에 깊이 몰입할 수 있을 것 같았어요.

모처럼 누리는 이 고요한 시간에 노트북을 바로 펼치기엔 조금 아깝더군요. 잠시 숨도 고를 겸, 뒤편에 꽂힌 책들을 가볍게 훑어보기 시작했어요. 그러다 우연히, 아니 뭔가에 이끌리듯 한 권의 책을 꺼내 들었답니다. 1년 동안 남긴 오후 3시의 기록, 아사오 하루밍 작가의 《3시의 나》라는 책이었죠.

표지 위에 굵은 펜으로 쓱쓱 그린 듯한 단발머리 소녀가 보였어요. 시계 숫자들 틈에 엎드려 무언가를 적고 있는데 일기를 쓰는 것 같기도 하고, 숙제를 하는 것 같기도 했어요. 그 그림 옆으로는 "오후 3시, 뭐 하고 있었어?"라는 삐뚤빼뚤한 손글씨가 적혀 있었고요.

"일러스트 초안을 완성하고 기지개를 켜던 1월 9일의 3시, 채식 카페에서 현미 정식을 꼭꼭 씹어 먹던 2월 1일의 3시, 쌓인 메일을 읽고 답장을 보내던 5월 21일의 3시…."

작가가 기록한 365일의 오후 3시는 놀랍게도 단 하루도 같은 장면이 없었어요. 그럴 수밖에 없는 게 매일의 온도와 하늘에 뜬 구름의 모양, 무심코 흥얼거린 노래, 점심으로 먹은 메뉴, 친구와 주고받은 메시지의 내용, 심지어 그날의 기분까지…. 이 모든 게 매번 미세하게 다른데, 어떻게 우리의 하루가 늘 똑같다고만 말할 수 있겠어요.

하지만 쳇바퀴처럼 돌아가는 일상에 치이다 보면, 우리는 그 차이를 너무나 쉽게 잊고 마는 것 같아요. '어제와 똑같은 오늘이네', '내일도 별다를 것 없겠지'라고 지레짐작하며 하루를 뭉뚱그려버리면서요. 어쩌면 작가는 이 귀여운 기록을 통해 우리에게 이렇게 말하고 싶었던 게 아닐까요?

"자세히 들여다보세요. 우리 삶에 같은 날은 단 하루도 없답니다."

답답한 집을 벗어나 나만의 작업실을 구하는 일, 물론 중요하죠. 하지만 물리적인 공간을 바꾸는 것보다 더 시급한 건 시간을 대하는 태도라는 것을 깨달았어요. 당장 환경을 바꿀 수는 없더라도 마음가짐만큼은 바꿀 수 있으니까요. 흐르는 시간에 무기력하게 휩쓸려 떠내려가는 대신, 시간을 잠시 멈춰 세워 관찰해보기로 했어요.

집으로 돌아오자마자 불렛 저널을 펼쳐 '8월의 8시'라는 제목의 컬렉션을 만들었습니다. 잊지 않으려고 오전 8시에 알람도 맞춰두었죠. 밤에는 하루치 에너지를 다 써버려서 흐지부지되기 십상이니 차라리 하루를 시작하는 아침에 쓰는 게 낫겠다 싶었거든요. 내심 '미라클 모닝'까진 아니더라도, 8시 전에는 일어나 하루를 시작해보자는 건전한 욕심도 있었고요.

기록을 이어가는 8월 한 달 동안은 알람이 울리면 하던 일을 멈추고 바로 노트를 펼쳐 딱 한 줄의 기록을 남기려고 노력했어요. 어떤 날은 책상에 앉아 토마토와 그릭요거트를 섞으며 건강한 하루를 살아보겠노라 다짐하고 있었고, 어떤 날은 거울 앞에서 외출할 때 무슨 옷을 입을까 심각하게 고민하고 있더군요. 또 다른 날엔 출근하는 엄마에게 안부 전화를 걸고 있었고요.

한 달이 지나 빼곡하게 채워진 서른한 줄의 일기를 읽으며 저도 모르게 나지막이 내뱉은 말이 있었어요. “정말, 매일 달랐네.”

멀리서 보면 같은 색인 나뭇잎도 가까이서 보면 저마다 다르잖아요. 쉼 없이 흘러가는 시간도 잠시 멈춰 바라보지 않으면 그저 똑같은 하루로 느낄 뿐이더라고요. 8시에 남긴 한 줄의 기록은 무심히 흘려보낼 뻔한 제 하루에 꽂아두는 작은 책갈피가 되어주었어요.

J 님에게도 그런 순간이 찾아왔으면 해요. 복사해 붙여넣은 것처럼 느껴지던 하루 속에서, 구석구석 다른 표정을 짓고 있는 ‘오늘’을 발견하는 기쁨 말이에요. 우리의 하루는 단 한 번도 복사본이었던 적이 없다는 사실이, J 님의 일상을 조금 더 아끼게 되는 계기가 되었으면 좋겠습니다.

'00시의 나' 레시피

재료

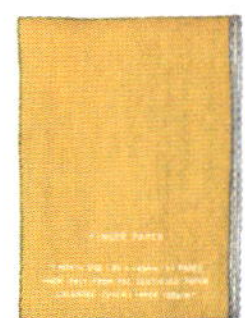

• 트롤스페이퍼 핑거 페이퍼 • 스마트폰 알람

재료 선정 팁

• 핑거 페이퍼 노트는 한 달의 기록을 할 수 있는 노트예요. 페이지 하단에 1부터 31까지 큼직하게 숫자가 써 있는 게 특징입니다.

• 매달 다른 색의 노트를 골라 나의 시간을 기록해보세요. 1년 뒤, 책장에 나란히 꽂힌 알록달록한 열두 권의 기록을 상상하는 것만으로도 꽤 즐거운 일이 될 거예요.

기록하는 법

1. 알람 맞추기

• 하루 중 기록하기 편한 시간을 알람으로 설정합니다.

• 일정한 시간에 기록하면 더 좋아요.

2. 기록하기

- 알람이 울리면 하던 일을 멈추고 지금 이 순간을 기록해보세요.
- 지금 하고 있는 일, 문득 든 생각 등을 간단하게 씁니다.
- 여유가 된다면 그 순간의 모습을 사진으로 찍어 휴대용 포토프린터로 인화한 뒤 노트에 붙여보세요. 더 생생한 기록이 될 거예요.

포인트

'정말 내 하루가 매일 다를까?' 반신반의하며 적기 시작하겠지만 일주일 치의 기록이 모이기도 전에 분명 깨닫게 될 거예요. 어제와 똑같은 줄 알았던 오늘이, 사실은 전혀 다른 표정을 짓고 있다는 걸요.

No. 005

어떤 기록은
사라져야 비로소 완성된다

#지워지는 일기

살다 보면 속 시끄러운 날이 있잖아요. 예전엔 친구를 붙잡고 하소연이라도 했는데 나이가 드니 그것도 쉽지 않더라고요. 내 징징거림이 상대에게 감정 쓰레기로 남을까 걱정도 되고, 돌아서면 '내가 왜 그런 말까지 했지?' 하고 이불 킥을 하며 후회하기도 하고요.

속에 얹힌 말들을 노트에라도 다 쏟아내고 싶어서 펜을 들었는데, 막상 하얀 종이 앞에서 주춤하게 됩니다. 혹시라도 가족들이 볼까 봐 걱정도 되고, 무엇보다 지질하고 모난 제 속마음이 글로 박제되어 영원히 남는 게 싫거든요.

어디엔가 쏟아내고는 싶은데 아무런 흔적도 남기고 싶지 않은 마음. 쓰고 싶으면서도 쓰고 싶지 않은 이 모순된 마음 때문에 제 속만 점점 까맣게 타들어 갑니다.

_'안전한 대나무숲'이 필요한 40대 주부 H

가족 모두가 잠든 늦은 밤, 식탁 위에 작은 조명 하나를 켜 두고 앉아 있는 H 님의 뒷모습을 그려봅니다. 냉장고 돌아가는 소리가 윙윙대는 부엌에서 펜을 들었다 놓기를 수십 번 반복하셨겠지요. 목구멍까지 차오른 말들은 분명 있는데 차마 종이 위에 내려놓지 못한 채요.

우리는 부단히 구겨진 마음을 다림질하며 살아갑니다. 굳이 남들에게 구겨진 옷자락을 보이고 싶은 사람은 없으니까요. 이왕이면 괜찮은 어른, 긍정적인 사람, 현명한 엄마로 보이면 좋잖아요. 문제는 이 습관적인 다림질이 아무도 보지 않는 일기장 앞에서조차 멈추지 않는다는 거예요. 누군가 볼까 봐 혹은 나중에 내가 보고 실망할까 봐 울퉁불퉁하고 모난 날것의 마음을 본능적으로 숨기고 싶어집니다. 결국 빈 페이지로 남겨두거나 마음에도 없는 멋진 말을 쓰며 하루를 포장하기도 하죠.

나의 구겨진 마음을 있는 그대로 직면하는 건 그 누구에게도 결코 쉬운 일이 아니라고 생각해요. 어둡고, 외롭고, 아프고, 힘든 감정은 할 수만 있다면 최대한 외면하고 싶은 게 사람 마음이잖아요. 그래서 H 님이 노트 앞에서 주저하는 그 마음은 너무나 당연하다는 말씀을 드리고 싶어요. 저 역시 그랬거든요.

하지만 찾아오는 마음들을 언제까지고 모른 척 덮어둘 수만은 없다는 걸 알게 됐어요. 때로는 장마처럼 축축한 우울함이, 때로는 태풍처럼 거친 분노가 우리 마음을 흔들어놓으니까요. 이런 감정들을 더 이상 외면하지 않으면서도, 흔적없이 안전하게 해소할 수 있었던 제 경험들을 H 님께 나눠볼게요.

모닥불에 도로록 말려간 기억

친구들과 캠핑을 하러 갔을 때였어요. 지글지글 삼겹살 익어가는 소리에 친구들의 웃음소리가 배경음악처럼 깔리는 즐거운 저녁 시간이었지만, 저는 홀로 딴 세상에 가 있었습니다. 며칠 전 저지른 실수가 머릿속을 떠나지 않아, 고기가 입으로 들어가는지 코로 들어가는지 모를 지경이었거든요.

일명 '흑역사'라고 하죠. 떠올리기만 해도 얼굴이 화끈거리고 내 인생의 타임라인에서 도려내고 싶은 기억들. 겉으로는 친구들을 따라 웃고 있었지만, 속은 이미 새까만 숯덩이나 다

름없었어요.

밤이 깊어 친구들은 하나둘 텐트로 들어갔고 타닥타닥 타오르는 모닥불 앞에 홀로 남았습니다. 불멍을 하면 잡생각이 사라진다는데, 웬걸요. 고요한 밤이 되니 부끄러운 기억이 제 마음을 비집고 들어와 점점 영역을 넓혀갔어요. 여느 때 같았으면 쏟아지는 별빛에 감탄하기 바빴을 텐데, 그날은 밤하늘에 빛나는 모든 별들이 마치 제 흑역사의 파편들처럼 보이더라고요.

도저히 안 되겠다 싶어 가방에 챙겨 온 작은 수첩을 꺼냈습니다. 그리고 속을 시끄럽게 하는 마음의 소리를 종이 위에 낱낱이 적어 내려갔어요. 평소라면 일기장에도 차마 적지 못했을, 가장 지질하고 유치한 제 민낯까지 남김없이요.

하지만 괜찮았어요. 글의 종착지는 서랍 속이 아니라 눈앞의 모닥불이었거든요. 그 종이는 곧 재가 되어 사라질 운명이었어요. 어차피 사라질 거라는 안도감이 들어서 그런지 가감없이 속마음이 흘러나오더군요. 마지막 문장에 마침표를 찍자마자 찢어낸 종이를 모닥불 속으로 던졌습니다.

불꽃이 닿자 종이 끝이 검게 그을리더니 도로록 말려 들어갔어요. 빼곡히 적어 내려간 민낯의 기록들도 까맣게 타들어 가며 자취를 감췄고요. 불과 10초 남짓이었을 거예요. 순식간에 하얀 재가 되어 밤공기 속으로 흩어지는 모습을 보는데, 제 마음을 짓누르던 부끄러움의 무게가 연기처럼 가볍게 날아가는 기분이 들더라고요. 파다닥 하고 튀어 오르는 불꽃이, '괜찮아, 이미 지나간 일이야'라고 말하는 것 같았어요.

친구들은 꿈에도 모르겠죠? 그날 밤 제가 눈물 콧물 쏟으며 흑역사를 모닥불에 태워버렸다는 사실을요. (친구들아, 혹시 봤어도 모른 척해다오.)

잘게 찢을수록 작아지는 미움

유난히 누군가가 견딜 수 없이 미운 날이 있어요. 도대체 나한테 왜 그럴까, 상처 주는 말만 배우는 학원에 다니는 걸까, 나만 이렇게 힘든 건가…. 꼬리에 꼬리를 무는 생각의 끝은 결국 누군가를 미워하는 나 자신을 향합니다. '내가 너무 예민한가?', '마음이 좁은 건 아닐까?', '고작 이런 일로 사람을 미워해도 되나?'

그런 나를 이해해주고 싶은 날, 상처받은 속을 토닥이고 싶은 날엔 이면지 한 장을 꺼내 다른 누구도 아닌 철저히 제 입장에서 아주 솔직한 마음을 써 내려갑니다. 왜 그 사람이 미운지, 무엇을 잘못했는지, 어떤 말이 상처였고 어떤 행동 때문에 화가 났는지, 가리지 않고 머릿속에 떠오르는 대로 거침없이 적어요.

다 쓰고 나서는 읽어보고 과감하게 종이를 찢어버려요. 새끼손톱보다 더 잘게, 형체를 알아볼 수 없을 만큼요. 혹시 남은 글자를 누군가 볼 수도 있으니 글자의 자음과 모음을 분리해서 잘게 찢는, 나름의 치밀함이 요구되는 작업이에요. 이면지를 처음 찢을 때 나는 좌악 소리에 한 번, 다시 반으로 찢을 때 들려오는 찌익 소리에 다시 한번 마음이 후련해집니다. 그렇게 한바탕 찢고 나면, 마치 뒷담화를 실컷 하고 난 후의 묘한 미안함이 찾아와 상대를 이해하는 마음이 아주 조금 생겨난다는 장점도 있어요.

손으로 찢는 게 번거롭다면 다이소에 가서 미니 파쇄기를 구매하는 것도 방법이에요. 미워하는 마음을 꾹꾹 참으며 억누르지 않고 시원하게 갈아버리는 데 드는 비용이 단돈 5,000원이라니, 내 마음을 위한 투자치곤 꽤 괜찮지 않나요?

파도에 실어 보낸 미련과 후회 그리고 그리움

얼마 전, 강연 일정으로 지방에 내려가 있을 때였어요. 이른 아침부터 스마트폰이 계속 울리더라고요. 알람인 줄 알고 끄려는데 남동생의 전화였어요. 무슨 일인가 싶어 얼른 전화를 받았는데, 수화기 너머로 한참을 울먹이던 동생이 어렵게 입을 열었어요. "누나, 방금 엄마한테 연락이 왔는데…, 빼로가 무지개다리를 건넜대."

그 어떤 시시콜콜한 이야기라도 눈을 맞추며 들어주던 대나무숲, 그리고 우리 가족의 품이 세상의 전부이던 아이, 빼로는 20대 시절부터 지금까지 함께해온 동생이자 친구 같은 강아지거든요. 취업을 위해 서울로 올라오고, 가정을 꾸리며 바쁘게 살아가는 동안 녀석은 고향 집에서 엄마 곁을 든든하게 지켜준 고마운 존재였어요.

"빼로야, 아빠의 빈자리를 네가 좀 채워줘. 엄마가 혹시 울면 곁에 다가가서 있어 줄 수 있어?", "나 오늘 내가 정말 별로인 날이었거든. 이런 나라도 괜찮을까? 너는 나에게 실망하지 않았으면 좋겠어."

늘 다 알고 있다는 듯한 눈빛으로 바라봐 주고, 다 괜찮다는 듯 품에 안기던 녀석을 더 이상 볼 수 없다는 게 도무지 믿어지지 않아서 이불을 뒤집어쓴 채 한참을 울었어요.

마음을 추스르고 녀석을 떠나보냈지만, 후유증은 깊었어요. 아빠가 돌아가셨을 때처럼 함께 시간을 보내지 못한 것에 대한 아쉬움, 더 잘해주지 못한 후회, 무엇보다 만지고 싶어도 만질 수 없는 그리움이 밀려들어 어찌해야 할지를 모르겠더라고요.

동생 집 앞에 있는 바닷가에 홀로 앉아 스마트폰 속에 남겨진 사진과 영상을 한참 들여다봤어요. 눈물 콧물 범벅이 된 얼굴을 소매로 대충 훔쳐내고 젖은 모래 위에 쭈그리고 앉았죠. 옆에 있던 작은 돌멩이 하나를 집어 들고 꾹꾹 눌러썼어요. 가장 부르고 싶은 그 이름을요.

빼로야.

이내 하얀 거품을 머금은 파도가 밀려왔어요. 마음을 쓰다듬듯 모래 위를 부드럽게 훑고 지나가며 글자를 지워주더라고요. 뜻밖에도 그게 위로가 되었어요. 마치 빼로가 "응, 누나. 나

듣고 있어"라고 대답해준 것 같았거든요. 다시 돌멩이를 쥐고, 미처 전하지 못한 말들을 하나씩 모래 위에 적어 내려갔어요.

산책 자주 못 시켜줘서 미안해.
아빠 대신 엄마 지켜줘서 정말 고마웠어.
그곳에선 아프지 마.
아빠랑 먼저 만나고 있어.
사랑해.

미안함과 그리움으로 얼룩진 마음은 곧 파도가 밀려와 그대로 가져갔어요. 파도가 데려간 마음은 흐르고 흘러 수평선 너머 녀석이 있는 그곳까지 무사히 배달되었겠죠. 굳이 종이 위에 남기지 않아도 이렇게 흘려보내는 마음이 때로는 더 깊이 가닿을 수 있다는 걸 느낀 하루였어요.

사라지는 대나무숲

강연 때마다 종종 듣는 질문이 있어요. "리니 님도 부정적인 감정을 솔직하게 기록하시나요?"

아마 걱정되시는 거겠죠. 먼 훗날 이 기록을 다시 봤을 때, 겨우 아물어가던 상처가 다시 덧나지는 않을까 하고요. 왜, 그런 거 있잖아요. 별생각 없다가도 “너 오늘 안색이 안 좋아. 무슨 일 있어?”라는 물음에 멀쩡하던 기분이 묘하게 가라앉고, 자꾸만 거울로 내 낯빛을 확인하며 의심하게 되는 마음이요.

잊고 지낸 상처와 불쑥 마주칠까 겁이 날 때면 기화펜을 꺼내 듭니다. 다이소나 문구점에서 쉽게 구할 수 있는, 시간이 지나면 잉크가 날아가는 특수 펜이에요. 노트에 써보니 10분 정도 지나면 서서히 기화하기 시작해서, 여덟 시간 정도 지나니 완전히 사라지더라고요.

속마음을 털어놓는 치유의 과정은 누리되, 다시 마주할 고통 때문에 망설이는 마음은 덜어주는 고마운 도구랍니다. 종이 위 글씨가 서서히 날아가는 모습을 지켜보고만 있어도 무거운 감정이 조금 가벼워지는 걸 느낄 수 있어요.

모든 기록이 꼭 무언가를 붙잡아두기 위해 존재하는 건 아닐 거예요. 어떤 기록은 사라지면서 비로소 완성되기도 하니까요.

H 님이 사라지는 잉크에 기대어 마음속 이야기를 쏟아낼 용기가 생기기를. 그 기록이 마음에 작은 숨구멍이 되어주기를 바라요.

'지워지는 일기' 레시피

재료

• 로디아 클래식 스프링 노트 패드 • 다이소 기화펜

재료 선정 팁

• 로디아 클래식 노트는 종이 질이 매끄러워 펜촉의 걸림 없이 부드럽게 쓸 수 있어요.

• 이면지를 활용해도 좋습니다.

• 기화펜은 다이소나 온라인몰에서 쉽게 구할 수 있어요.

기록하는 법

1. 검열 없이 쏟아내기

'이런 지질한 말을 써도 되나?' 하는 검열은 잠시 접어두세요. 어차피 자취를 감출 기록이거든요. 거친 말, 원망, 미움, 자책도 다 좋아요. 내 마음속에 고여 있는 감정의 찌꺼기를 쏟아내듯 써보세요.

2. 시간에 맡기고 덮어두기

다 썼다면 미련 없이 노트를 덮으세요. 사라지는 과정을 지켜봐도 좋지만, 굳이 확인하지 않아도 상관없어요. 나를 힘들게 했던 마음들도 저 글씨처럼 흔적 없이 사라지거나 가벼워질 거라 믿으며 오늘은 푹 쉬세요.

포인트

우리는 늘 잊지 않기 위해 기록하지만, 때로는 잊기 위한 기록도 필요합니다. 붙잡아두면 병이 되는 감정들은 종이 위에 쏟아내고 흘려보내세요. 어떤 기록은 남기지 않고 사라지게 두는 것만으로도 완성되니까요.

NO. 006

자책감을
자존감으로 바꾸어드립니다

#내가 해냄

하루하루가 전쟁인 워킹맘입니다. 회사 일과 육아 사이를 오가며 아침부터 밤까지 쉴 새 없이 종종거렸는데 아이를 재우고 눕는 순간, 뿌듯한 마음보다 공허함이 밀려와요. 오늘 하루, 정작 '나'를 위해서는 단 10분도 쓰지 못했더라고요.

SNS 너머의 남들은 운동이다, 독서다, 갓생을 살며 자기만의 시간을 착착 쌓아가는 것 같은데 저만 제자리에 멈춰 서 있는 것 같아 불안한 마음도 듭니다. 이러다 영영 나를 잃게 되면 어떡하죠?

_나만 제자리인 것 같아 불안한 워킹맘 S

집 근처에 유치원과 초등학교가 있어요. 아침이면 아이 손을 잡고 뛰어가는 부모님들을 자주 보게 되죠. 등원 전쟁에 출근 준비까지, 얼마나 치열한 아침을 보냈을까요. 출근길 버스를 기다리며 아이스 아메리카노를 생명수처럼 벌컥벌컥 마시는 뒷모습을 보고 있노라면, 어쩐지 오늘 하루도 무사히 버텨내라고, 힘내라고 응원을 건네고 싶어져요.

S 님의 하루를 떠올려봤어요. 회사에 도착하면 숨 돌릴 틈도 없이 본격적인 일과가 시작되겠죠. 오전 업무를 처리하고 점심을 먹고 나면 하루의 절반이, 오후 업무를 정신없이 쳐내고 나면 어느덧 퇴근 시간이 다가와 있을 테고요. 퇴근 시간의 다른 이름은 '육아월드로 다시 출근'. 하원한 아이를 먹이고, 씻기고, 재우고 나면 말 그대로 파김치가 되겠죠. 상상만으로도 숨이 찰 정도인데, 실제로 S 님을 비롯한 많은 워킹맘들의 삶은 제가 짐작하는 것보다 더 치열하고 고될 것 같아요.

얼마 전 만난 워킹맘 친구도 S 님과 비슷한 고민을 털어놨어요. 하루가 어떻게 가는지 모를 만큼 열심히 사는데, 그럴수록 자기 자신은 희미해져 가는 것 같다고요. 그래서 노트에 운동, 독서, 기록 등 나를 위해 할 수 있는 일들을 적어뒀는데 막상 실천한 건 하나도 없다며 깊은 한숨을 쉬더라고요. 저는 친구에게 물었어요. “오늘 하루 뭐 했는데?”

기상, 아이 깨우고 달래기, 식사 준비, 밥 먹이기, 등원, 출근, 회의, 메일 답장, 오후 미팅, 하원 픽업, 간식 챙기기, 설거지, 빨래, 저녁 준비, 저녁 식사, 아이와 놀아주기, 씻기기, 책 읽어주며 재우기…. 대략 세어본 것만 해도 스무 가지가 넘는 일이었죠.

이렇게나 많은 일을 해냈는데, 왜 한 게 없다고 생각하냐는 질문에 친구가 말했어요. “일이랑 육아는 늘 하는 일이잖아. 나는 나를 성장시키는 일을 하고 싶거든. 건강 관리를 위해 러닝도 하고, 책도 읽고, 기록도 하고, 새벽 시간에 일어나서 나의 미래를 위한 무언가를 하고 싶은데…. 근데 매번 말만 앞서고 실천하는 건 하나도 없어. 육아만 하다 늙을까 봐 걱정이고, 나만 뒤처지는 것 같아 불안해.”

그날 밤 친구에게 노트 선물과 함께 메시지를 보냈어요. 꼭 해주고 싶은 말이 있었거든요.

> 하루하루가 엉망인 것 같을 때도 있겠지만, 그 와중에 네가 놓치지 않은 것들이 있다는 걸 나는 알아. 바쁜 출근길

에 웃는 얼굴로 아이 등원시키려 애쓴 것도, 업무 강도가 높았던 프로젝트를 잘 마무리한 것도, 회사에서 힘들어하는 동료의 말을 그냥 지나치지 않고 들어준 것도 다 네가 한 일들이잖아. 아이를 돌봐준 선생님께 고맙다는 인사를 잊지 않은 것도, 어질러진 집을 정리정돈하며 가꾸는 것도, 배달 음식으로 저녁을 때울까 하다가 몸 생각해서 집밥을 먹은 것도.

이 모든 일 속에서도 너는 사라지지 않았어. 아이에게 미소 지으려 애쓴 건 다정한 너고, 동료의 말을 들어준 건 따뜻한 너고, 집밥을 차린 건 자신을 돌볼 줄 아는 너잖아. 특별히 무언가를 더 하지 않아도, 이미 네가 하는 일상의 일들 속에서 너라는 세계를 충분히 빚어내고 있어.

일상을 지탱하는 일들은 대부분 공기처럼 당연해서 잘 보이지 않는다고 하더라. 너무 당연해서, 늘 하던 일이라서 더 쉽게 잊히는 것 같아. 하지만 나는 그런 하루들이 모여 너를 여기까지 데려왔다고 믿어.

작은 노트를 하나 보낸다. 뭔가를 더 잘 해내기 위한 노트가 아니라 오늘 내가 어떤 사람이었는지 기억하는 노트였으면 해서. 네가 얼마나 대단한 하루를 살아내고 있는지, 그 하루 속에서 '너'라는 사람이 얼마나 선명하게 빛나고 있는지 알았으면 좋겠어. 이 메시지를 읽는 밤만큼은 네 마음이 편안하기를. 응원할게. 화이팅!

며칠 뒤 노트를 받은 친구가 빼곡하게 적은 해낸 일 리스트와 함께 답장을 보내왔어요. "나 생각보다 엄청난 일들을 해내는 사람이더라? 고마워."

오늘도 육교 앞을 지나가다 아이의 손을 잡고 걸어가는 한 엄마를 봤어요. 어쩌면 내가 사라지진 않을까 불안해하는 밤을 지내고 있는 S 님일지도 모른다는 생각에 조용히 응원의 마음을 보냈답니다. 주어진 자리에서 묵묵히 내 몫을 해내며 일상을 살아가는 것이야말로 나를 지켜내는 일 아니겠냐고. 이미 수많은 일을 해내고 있는 당신의 지금을 응원한다고.

'내가 해냄' 레시피

재료

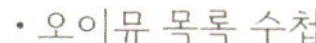

• 오이뮤 목록 수첩

• 제브라 미니 볼펜

재료 선정 팁

• 오이뮤 목록 수첩은 한 줄은 회색, 한 줄은 하얀색으로 교차되는 줄무늬가 특징인 수첩이에요. 내가 해낸 일의 목록을 적어두기 좋습니다.

• 제브라 미니 볼펜은 휴대하기 편한 작은 사이즈예요. 바디를 잡아 늘이면 심이 나오는 방식이고요. 가방에 넣고 다니면서 그때그때 해낸 일을 기록해보세요.

기록하는 법

1. 해낸 일의 기준 낮추기

대단한 일이 아니어도 좋아요. '아침에 5분 일찍 일어남', '아이에게 웃어줌', '동료에게 인사를 먼저 건넴'처럼 일상적이고 소소한 것들을 써보세요.

2. 내가 해낸 일 하루 세 개 이상 적어보기

기억이 잘 나지 않는다면 시간 순서대로 찬찬히 떠올려보고, 오늘의 일정이나 갤러리 속 사진을 들여다보는 것도 방법이에요. 생각보다 훨씬 많은 일을 해냈다는 걸 금방 알게 될 거예요.

포인트

우리는 새로운 것을 배우거나 대단한 성과를 내야만 '성장'한다고 믿곤 하죠. 하지만 무탈하게 하루를 살아내고, 무너질 것 같은 순간을 버텨내는 힘 역시 삶에 꼭 필요한 근력이에요. 오늘 아무것도 하지 못한 게 아니라 소중한 일상을 온몸으로 지켜냈다는 사실을 잊지 마세요. 수첩에 적힌 해낸 일의 목록은 당신의 일상을 지탱하는 단단한 마음의 뿌리가 되어줄 거예요.

NO. 007

망설임 속에 숨겨진 진짜 마음

#할까 말까

저는 무슨 일을 시작하기도 전에 생각이 너무 많아지는 게 병이에요. 운동을 할까 말까, 모임을 나갈까 말까, 그 일을 시작할까 말까…. 머릿속에서 수없이 시뮬레이션을 돌리다 보면, 에너지가 다 빠져서 결국은 '에이, 그냥 하지 말자' 쪽을 택하게 됩니다. 친구들은 일단 그냥 시작해 보라고 하는데 저는 그게 잘 안 되더라고요.
그렇게 망설이다 타이밍을 놓치고 나면 '아, 그냥 할걸' 하고 후회하면서, 정작 또다시 기회가 오면 똑같이 주저하는 제 자신을 이해하기가 어려워요. 생각의 무게를 덜어내고 싶어요.

_할까 말까 망설이다가 결국 아무것도 하지 못하는 D

저는 요즘 액상과당이 잔뜩 든 음료 대신 따뜻한 차를 마시고, 에스컬레이터 대신 계단을 오르고, 밀가루 대신 채소와 단백질을 챙겨 먹고 있어요. 그렇게 건강한 습관을 쌓았더니 과체중이던 몸무게가 5kg이나 쑥 빠지더라고요. 꽉 끼던 바지 단추가 헐렁하게 잠길 때의 그 짜릿함이란!

살 조금 빠졌다고 신났다가 금세 예전으로 돌아간 적이 여러 번이라, 이번에는 지속 가능한 습관을 만들고 싶다는 욕심이 생겼어요. 식사는 잘 챙겨 먹고 있으니 운동 습관을 잡아야겠다고 생각했죠. 일주일에 1회 정도 트레이너 선생님과 함께 홈트레이닝을 하고 있는데요. 스트레칭과 개인 운동을 추가로 해야겠더라고요.

문제는 제게 맞는 운동을 찾기가 쉽지 않았다는 거예요. 늘 기부 천사 엔딩을 맞이했던 헬스장은 가고 싶지 않았고, 시작과 동시에 '언제 끝나지?'를 생각하게 되는 요가도 저랑은 맞지 않았거든요. 테니스를 배워볼까 싶었지만 비용이 만만치 않았고요. 무엇보다 현관문을 나서는 것 자체가 큰 미션이었어요. 칼바람을 뚫고 운동하러 갈 생각만 해도 의지가 꺾여버리는 계절, 바야흐로 겨울이었거든요.

한참 고민하던 시기에 우연히 〈나 혼자 산다〉 서범준 배우 편을 보게 되었어요. 평소엔 철저히 식단 관리를 하다가, 치팅 데이를 맞아 새벽부터 빵을 맘껏 즐기는 장면이었죠. 정말 인상적인 건 그다음이었어요. 빵을 다 먹자마자 망설임 없이 실내 자전거에 오르더라고요. 먹은 만큼 곧바로 태워버리겠다는 의지였죠.

그 장면이 뇌리에 깊이 박혔던 걸까요? 한동안 무엇에 홀린 사람처럼 틈만 나면 실내 자전거를 검색했어요. 하지만 막상 결제 버튼 앞에서는 멈칫하게 되더라고요. '나도 저 배우처럼 땀을 뻘뻘 흘리고 나면 개운하고 뿌듯하겠지?' 하는 긍정 회로가 힘차게 돌다가도, 금세 '아냐, 괜히 의욕만 앞서서 샀다가 결국 비싼 옷걸이만 하나 더 들이는 꼴이 되지 않을까?' 하는 현실적인 걱정이 치고 들어왔죠.

나를 한 번 더 믿어도 될까

이렇게 양쪽의 고민이 팽팽하게 줄다리기를 할 때면, 저는 '할까 말까 노트'를 펼쳐요. 먼저 노트의 빈 페이지 맨 위에 나를 혼란스럽게 하는 문제를 크게 쓰고요. 그 아래로 페이지를 반으로 가르는 세로선을 쭉 그어요. 이 세로선을 기준으로 왼쪽에는 '할까(GO)', 오른쪽에는 '말까(STOP)'에 대한 이유를 적습니다. 저 날의 주제는 '개인 운동으로 실내 바이크를 선택할까 말까'였어요.

노트에 양쪽 입장을 솔직하게 적어놓고, 한 발짝 떨어져서 찬찬히 들여다보았는데요. 오른쪽, 그러니까 '하지 말까' 쪽에 써둔 이유들에서 아주 흥미로운 사실을 발견했어요.

1. 어차피 열정은 배송보다 빨리 식을 것임
2. 결국 세상에서 제일 비싼 빨래 건조대가 될 것임
3. 끝내 당근마켓에 '새상품급/실사용 3회'로 올라갈 것임

쓰다 보니 제가 주저하는 진짜 이유를 알겠더라고요. 비싼 돈을 주고 산 물건이 결국 실패를 증명하는 흉물로 남을 거라는 불안('또 그럴 줄 알았다니까'), 그 이후에 찾아올 스스로에 대한 불신('늘 이런 식이지'), 이 모든 상황을 자초한 나에 대한 실망('그럼 그렇지')을 마주할 자신이 없었던 거예요. '실내 바이크를 선택할까 말까'가 아니라, '실패한 전적이 있는 나를 다시 한번 믿어도 될까?'를 묻고 있었던 거죠.

망설임의 정체가 뚜렷해지니, 결심은 오히려 쉬웠어요. '나를 다시 한번 믿어도 될까?'라는 질문에 차마 '아니, 믿지 마'라고 답할 수가 없었거든요. 한 번만 더 기회를 주기로, 이번만큼은 다른 모습을 보여주겠노라 다짐했죠. 그래서 어떻게 했냐고요? 눈 딱 감고 결제 버튼을 눌렀습니다.

'할까 말까' 망설임에 숨은 속마음

트레이너 선생님이 실내 바이크를 바르게 타는 방법과 함께 칼로리를 태울 수 있는 인터벌 방식을 알려주셨어요. 저항 다이얼을 조금씩 높여가며 제 한계를 시험해볼 수 있게 도와주셨죠. 4를 넘어서자 다리가 뻐근해졌고, 8 이상으로 올라가니 숨이 턱 끝까지 차오르더군요. 3분도 안 돼서 '힘들다'는 말을 수십 번은 내뱉었을 거예요.

힘든 기색이 역력했는지, 선생님은 곧 페달이 가벼워지도록 강도를 조절해 주셨어요. 그러자 마치 내리막길을 내달리는 것처럼 다리가 가벼워지더라고요. "와, 이 정도면 할 만한 것 같아요!"라고 신나서 외치는 제게 선생님은 말했어요. "리니 님, 지금 6이에요."

삶의 역치를 올리는 유일한 방법은 일단 저지르고 부딪혀 보는 것. '할까 말까' 기록을 하며 얻은 가장 큰 수확이에요. 이전의 실패와 스스로에 대한 불신을 걷어내고 자신을 한 번 더 믿어보자 다짐했기에 가능한 일이었죠. 덕분에 저는 '저항 6'도 거뜬히 견딜 수 있는 사람이란 걸 알게 됐고, 지금은 바이크에 연결된 책상 위에 노트북을 올려두고 페달을 돌리며 이 원고를 마무리하고 있어요.

망설임 속에 겹겹이 쌓인 생각들은 실패로부터 나를 지키려는 본능이자 이번만큼은 꼭 잘해보고 싶다는 간절함일지도 모릅니다. 마음이 없는 일에는 고민조차 머물지 않는 법이니까요.

'할까 말까' 레시피

재료

• 마그레세라 핸디 노트북 • 유니 제트스트림 프라임 0.5㎜

재료 선정 팁

• 마그레세라 노트는 가로면이 좁고 세로면이 길어요. 굳이 종이 한가운데 세로선을 긋지 않아도, 왼쪽과 오른쪽 페이지에 '할까'와 '말까'의 마음을 담아내기에 제격이에요.

• '할까'와 '말까'를 서로 다른 펜으로 적습니다. 멀티펜으로 색을 나눠 쓰면 양쪽의 입장이 선명하게 대비되어 보일 거예요. 내 마음이 어느 쪽으로 기울어 있는지 한눈에 들어와요.

기록하는 법

1. 고민에 이름 붙이기 펼친 노트의 맨 위나 빈 공간에 나를 혼란스럽게 하는 주제를 큰 글씨로 적어보세요.

2. 양쪽에 마음 털어놓기

노트의 왼쪽 페이지 상단에는 '할까(GO)', 오른쪽 페이지 상단에는 '말까(STOP)'라고 적습니다. 그리고 각각의 페이지에 생각나는 이유들을 솔직하게 써보세요. 왼쪽에는 하면 좋을 이유를, 오른쪽에는 망설여지는 이유를 남김없이 털어놓는 거예요.

3. 진짜 이유 들여다보기

이제 적어둔 문장들을 찬찬히 읽어보며 내 마음의 실체를 확인합니다.

- '할까'의 이유: 이 일을 했을 때 내가 얻게 될 기쁨이나 변화는 무엇인가요?
- '말까'의 이유: 이곳에 적힌 문장들의 공통점을 찾아보세요. 돈이나 시간 같은 현실적인 문제인가요, 아니면 실패에 대한 두려움이나 나에 대한 불신인가요?
- 자문하기: "만약 '말까'에 적힌 두려움이 해결된다면, 나는 이 일을 기꺼이 하고 싶은가?"

포인트

기록을 거듭하다 보면 내가 망설이는 이유에도 일정한 패턴이 있다는 걸 알게 될 거예요. '말까' 쪽에 적힌 이유들이 정말 나를 멈춰 세울 만큼 중요한 문제인지, 아니면 그저 막연한 두려움인지 구분해보세요. 그 과정을 통해 망설임 뒤에 숨어 있던 '진짜 해보고 싶은 내 마음'을 발견할 거예요.

망설임은 '나를 한번 믿어도 될까?'라는 질문과 같아요.

나를 믿고 한번 더 기회를 주는 건 어떨까요?

NO. 008

걱정이 꼬리에 꼬리를 무는 밤에

#걱정 분리수거

걱정 인형이 만약 인간으로 태어난다면 바로 저일 거예요. 아침에 눈을 뜨는 순간부터 잠들기 직전까지 머릿속에 걱정 스위치가 꺼지질 않습니다. 회사에서 실수한 건 없는지, 전세 대출 이자는 얼마나 오를지, 부모님 건강은 괜찮으신지, 갑자기 전쟁이라도 나면 어떡해야 하는지…. 하나의 걱정이 끝나기도 전에 또 다른 걱정이 꼬리에 꼬리를 물고 이어져 도무지 잠을 잘 수가 없어요. 친구들은 "미리 사서 걱정하지 마. 다 잘될 거야"라고 하지만, 그게 마음대로 됐다면 애초에 고민도 안 했을 겁니다. 긍정적인 생각만 하기에도 시간이 부족한데 매일 밤 불안과 씨름하느라 진이 다 빠지는 기분이에요.
저도 이제 그만 이 무거운 걱정들을 내려놓고, 아무 생각 없이 푹 잠들고 싶습니다.

_수많은 걱정에 잠 못 이루는 B

혹시 만화 〈피너츠(Peanuts)〉의 주인공 찰리 브라운을 아시나요. 동그란 얼굴에 몇 가닥 없는 머리카락을 가진, 늘 노란 티셔츠를 입고 다니는 이 소년은 되는 일이 하나도 없습니다.

찰리가 주장으로 있는 동네 꼬마 야구팀은 매번 경기에서 지고, 연을 날리면 꼭 나무에 걸리고, 짝사랑하는 빨간 머리 소녀 앞에서는 말 한마디 못 건넨 채 얼굴만 붉히죠. 찰리의 머릿속은 1년 365일 비상대책회의 중입니다.

'내일도 또 지면 어떡하지?'
'애들이 실망하면 어떡하지?'
'사람들이 또 야유하면 어떡하지?'
'나를 쳐다보면 어떡하지?'
'나를 싫어하면 어떡하지?'
'내 인생에도 비만 내리는 건 아닐까?'

어제의 후회, 오늘의 불안, 내일의 두려움까지 세상 모든 근심을 작은 어깨에 짊어지고 끙끙대는 소년의 모습을 보고 있자면 어쩐지 남의 일 같지 않습니다. 아직 오지 않은 내일의 무게까지 오늘이라는 어깨에 올려놓고 버거워하는 우리의 모습과 참 많이 닮았거든요.

찰리에게 친구들은 종종 말해요. 너무 걱정하지 말고 그냥 하루하루를 살라고요. 그럴 때마다 찰리는 친구들의 위로를 그대로 받아들이기보다 특유의 멋쩍은 농담으로 받아치곤 합니다. 피너츠 굿즈나 노트 디자인에 자주 인용되는 이 문장처럼요.

"I only dread one day at a time."

(나는 오직 하루치의 걱정만 하는 거야.)

온갖 근심을 짊어지고 사는 찰리가 '딱 하루치'의 걱정만 한다는 말이 어쩐지 묘한 위안을 줘요. 맞아요, 우리가 걱정 없이 살 수는 없을 거예요. 하지만 걱정의 단위를 '평생'이 아닌 '오늘 하루'라고 생각하면, 마음이 한결 편안해지더라고요.

오늘 하루치의 걱정만 하기로

저도 종종 찰리처럼 꼬리에 꼬리를 무는 걱정을 합니다. 특히 큰일을 앞두고 있을 때는 마치 비워도 비워도 끝없이 쌓이는 스팸 메일함처럼, 하나의 걱정을 지우기가 무섭게 새로운 걱정들이 제목을 바꿔가며 도착해 있어요.

엄마와 함께 열흘 넘게 치앙마이로 떠나기로 했을 때가 딱 그랬어요. 혼자서 장기간 해외여행을 계획해본 경험도 많지 않은 데다, 누군가의 보호자가 되어 움직이는 여행은 처음이었거든요.

비행기 사고가 나면 어떡하지, 괜히 여행을 가자고 했나, 여권을 잃어버리면 어떡하지, 엄마가 아프면, 말이 안 통하면, 길을 잃으면, 비가 계속 오면 어떡하지…. '어떡하지 병'에 걸린 제 마음은 치앙마이에 도착하기도 전에 이미 산전수전을 다 겪고 돌아온 사람처럼 기진맥진해졌죠.

잠들지 못하고 한참을 뒤척이다, 몰스킨 노트를 꺼냈습니다. 피너츠 리미티드 에디션인데 마침 커버에 'I only dread one day at a time'이라는 문구가 있었거든요. 왠지 여기에 쏟아내고 나면 걱정의 크기가 딱 하루치로, 좀 더 작게 줄어들 것만 같았어요. 걱정을 눈앞에 다 꺼내놓고 '도대체 어떻게 생겼는지 좀 보자' 싶은 마음도 들었고요.

한 줄 한 줄 적어 내려가다 보니, 걱정들이 제각각 다른 얼굴을 하고 있는 게 보이기 시작했어요. 그래서 그것들을 네 바구니에 나누어 담아보았습니다. 일명 '걱정 분리수거'였죠. 쓰레기도 종류별로 나누고 나면 처리가 쉬워지잖아요. 걱정도 그랬어요. 분류하는 것만으로도 무엇을 버리고 무엇을 남겨야 할지 갈피가 잡히더라고요.

걱정 분리수거표

- 상상: 아직 일어나지 않은 일
- 과거: 이미 지나가서 되돌릴 수 없는 일
- 통제 가능: 나의 준비, 선택, 태도 등
- 통제 불가: 날씨, 타인의 마음, 우연 등

걱정 바구니

- 비행기 사고 나면 어떡하지 → [상상] 아직 일어나지 않은 일. 확률 매우 희박.
- 괜히 여행을 가자고 했나 → [과거] 이미 결제와 예약을 다 마친 상태. 엄마도 기대 중. 되돌릴 수 없음.
- 여권 잃어버리면 어떡하지 → [통제 가능] 분실했을 때 대안 체크하기
- 비가 계속 오면 어떡하지 → [통제 불가] 날씨는 내 마음대로 못함. 비 오면 오는 대로 즐기자!

물론 이 방법이 모든 걱정을 마법처럼 사라지게 만들지는

않아요. 하지만 걱정을 분류해서 적어놓으면, 머릿속에서만 맴돌 때보다 훨씬 다루기 쉬워지더라고요.

요즘도 꼬리에 꼬리를 무는 걱정이 찾아올 때면 노트를 꺼내 차근차근 걱정들을 분리수거합니다. 노트 커버의 문구를 주문처럼 중얼거리면서요.

"오늘 하루치만. 딱 오늘 하루치의 걱정만 하면 돼."

‘걱정 분리수거’ 레시피

재료

- 몰스킨 피너츠 에디션
- 마일드 라이너 형광펜

재료 선정 팁

- 2026 몰스킨 피너츠 에디션표지엔 ‘I only dread one day at a time’ 문구가 인쇄되어 있어요. 오늘 하루치의 걱정만 하겠다는 다짐을 되새기기에 좋아요.
- 걱정을 맘껏 쏟아내고 분류하려면 공간이 넉넉해야 합니다. 너무 작은 수첩보다는 A5 정도의 사이즈를 추천해요.
- 형광펜은 네 가지 색상으로 준비해주세요. 걱정의 종류(상상, 과거, 통제 가능, 통제 불가)를 색깔별로 구분하면 내 마음 상태가 어떤지 한눈에 들여다볼 수 있을 거예요.

기록하는 법

1. 걱정 쏟아내기

머릿속 스팸 메일함에 쌓인 걱정들을 다 적어보세요. 순서나 크기는 상관없어요. 일단 종이 위로 꺼내는 게 중요해요.

2. 분리수거표에 맞게 구분하기

네 가지로 나누어 분리수거를 합니다.

① 상상: 아직 일어나지 않은 일
② 과거: 이미 지나가서 되돌릴 수 없는 일
③ 통제 가능: 나의 준비나 선택으로 바꿀 수 있는 일
④ 통제 불가: 날씨나 타인의 마음처럼 내 힘을 벗어난 일

3. 걱정 분류하기

적어둔 걱정들을 네 가지 색으로 구분해보세요. 번호를 매겨도 좋고, 형광펜으로 칠하거나 포스트잇을 붙여도 좋습니다. 분류하는 행위만으로도 엉켜 있던 마음의 실타래가 풀리기 시작할 거예요.

포인트

분리수거를 끝내고 나면 알게 될 거예요. 우리가 밤잠을 설쳐가며 했던 걱정의 대부분은 결국 실제로 일어나지 않는다는 사실을요.

오늘 하루치만.

딱 오늘 하루치의 걱정만 하면 돼요.

NO. 009

배가 고픈 게 아니라,
마음이 고픈 거였어

#마음의 맛

밤만 되면 야식이나 디저트 배달을 시키는 게 거의 습관처럼 굳어졌어요. 늦은 시간에 음식을 먹는 게 몸에 좋지 않다는 것도 알고, 배가 고픈 상태가 아닌데도 이상하게 밤이 되면 꼭 뭔가를 먹어야 할 것 같아요.
배달 앱을 열고 주문 버튼을 누르는 순간부터 후회는 이미 시작되고, 먹다 남긴 잔반과 일회용품 쓰레기를 정리하며 '다시는 안 그래야지' 다짐하며 앱을 삭제한 것도 여러 번입니다.
그런데도 여전히 일주일에 서너 번씩 이런 패턴이 반복되고 있어요. 의지가 부족한 걸까요, 아니면 식탐이 많은 걸까요? 대체 밤만 되면 왜 이렇게 무너지는 건지 알고 싶어요.

_매일 밤, 후회와 자책 사이를 오가는 C

C 님은 어떤 영화를 좋아하시나요? 제가 가장 좋아하는 영화는 〈리틀 포레스트〉예요. 도시에서의 삶을 정리하고 고향으로 돌아온 이치코가 작은 숲속 코모리 마을에서 자급자족하는 생활을 담은 영화인데요. 죽에 누룩을 섞어 만든 식혜, 수유 열매로 졸인 잼, 호두를 쌀과 섞어 지은 고소한 밥…. 제철 재료를 수확하고, 손질하고, 음식으로 만들어 먹으며 마음의 상처를 치유해가는 과정이 힐링 그 자체랍니다.

현실의 저는 이치코와 거리가 아주 먼 사람이었어요. 요리는커녕 데우거나 끓이기만 하면 되는 가공식품으로 끼니를 때우기 바빴거든요. 그마저도 여의치 않은 날엔 배달 앱에 의지해 살았고요.

배달 앱이 무서운 건 한번 시키기 시작하면 습관이 된다는 점이에요. '오늘이 진짜 마지막'이라 다짐해보지만, 늘 너무 쉽게 무너지고 말죠. 먹고 난 뒤의 만족감보다 후회가 더 큰데도, 그 고리를 끊지 못하는 모습이 싫어 자책하던 날들이 이어졌어요. 그러던 어느 날, 잊고 지내던 〈리틀 포레스트〉를 우연히 다시 보게 됐죠. 지금의 나에게 꼭 필요한 영화가 알아서 찾아온 것 같았어요.

뜻대로 되지 않는 도시에서의 삶을 잠시 멈추고, 한 끼 한 끼 정성을 다해 만들고 찬찬히 먹는 이치코를 보며 생각했어요. 음식은 배를 채우는 일인 동시에 나를 돌보는 방법일 수도 있겠다고요.

'당장 시골로 내려갈 수도 없고 제철 식재료로 근사한 요리를 할 자신도 없지만, 오늘 내가 무엇을 먹었는지 정도는 적을 수 있지 않을까? 엉망진창인 식단이어도 괜찮으니, 일단 적다 보면 내가 왜 이러는지 조금은 이해할 수 있을지도 모르잖아.'

오늘 먹은 음식이 오늘 나의 마음입니다

그 길로 손바닥만 한 노트를 마련해 평소에 먹는 음식을 적기 시작했어요. 메뉴 이름 아래에는 이치코가 음식을 만드는 과정에서 조곤조곤 이유를 덧붙이듯, 왜 이 음식을 선택했는지, 그때 몸 상태는 어땠는지, 먹으면서 어떤 생각이 들었는지 짧게 적어두었죠.

2025년 4월 3일 PM 02:10

치즈 바스크 케이크, 말차라테

케이크와 말차라테의 조합은 나를 행복하게 한다.
당과 당의 조합이니 혈당은 엄청나게 오를 것 같지만 케이크 한 입, 말차라테 한 모금을 마시니 오전에 처리하지 못한 일을 당장이라도 할 수 있을 것만 같다.

2025년 4월 9일 PM 07:15

뚝배기 김치우동
감기 기운 때문에 그런지 몸이 물먹은 솜처럼 무겁다.
일정이 많은 날이라 아침부터 움직였는데 집에 가서 밥을 차려 먹을 힘이 없어서 눈에 보이는 식당에 들어갔다.
오랜만에 김치우동을 먹었는데 뜨끈한 우동 국물이 식도를 넘어갈 때 뭉친 근육들이 사르르 풀리는 기분.

2025년 4월 16일 PM 08:29

양념갈비와 간장게장 비빔밥
남편이 회식하고 온다고 해서 간단하게 먹을까 하다가 결국 배달을 시켰다. 배달 비용을 맞춰야 해서 혼자 다 먹지 못하는 양을 시키게 되는 게 늘 스트레스인데, 남편이 회식한다는 말을 들으면 이상하게 나도 외식을 하고 싶다.

2025년 4월 22일 PM 11:29

떡볶이, 튀김, 순대, 어묵

마감을 앞두고 밤 12시까지 일했다. 이제 곧 자야 할 시간임에도 떡튀순 세트에 어묵까지 시켰다. 오늘 저녁도 과하게 먹은 터라 배가 안 고픈데 왜 자꾸 뭐가 먹고 싶은 걸까. 이 시간에 먹는 게 건강에 좋은 게 아님을 알면서도 초인종이 울리기를 기다리는 내가 싫은 날이다. 으…!!

직접 요리를 하는 날보다 배달 앱을 누르는 날이 훨씬 많았지만, 그날 선택한 음식에는 제 마음 상태가 그대로 반영되어 있었어요. 내 마음이 '지금 이런 위로가 필요해' 하고 신호를 보내는 것처럼 느껴졌죠.

치즈 바스크 케이크는 정신없는 오전을 버텨낸 나에게 주는 달콤한 보상이었어요. 뚝배기 김치우동은 아픈 몸을 이끌고 하루를 견뎌낸 나에게 건네는 따뜻한 응원이었고요. 혼자 시켜 먹은 양념갈비와 간장게장은 동료들이 그리워진 프리랜서의 서글픈 외침이었고, 늦은 밤의 떡튀순은 마감 스트레스에 휘청이는 안쓰러운 몸부림이었어요.

여전히 밤늦게 배달 앱을 여는 날들이 있습니다. 하지만 예전처럼 '나는 왜 이 모양일까' 하며 자책하는 횟수는 줄었어요. 대신 떡볶이 포장을 뜯으며 나직이 물어봅니다. '오늘 너, 마음이 많이 고팠구나. 떡볶이 말고 다른 위로가 필요했던 건 아니야?' 하고요.

만약 또 배달 앱을 열게 된다면, 그 순간을 조금만 다정하게 바라봐주세요. 그리고 물어봐주세요. 오늘 밤 고른 메뉴는, C 님의 마음이 간절히 원했던 위로의 다른 이름일지도 모르니까요. 부디 그 허기진 마음까지 따뜻하게 배불리는 저녁 시간 보내시기를!

'마음의 맛' 레시피

재료

- LIFE 라이프 노블 노트 A7
- 카웨코 스포츠 만년필

재료 선정 팁

- 라이프 노블 노트는 한 손에 쏙 들어오는 앙증맞은 크기에 고풍스러운 테두리 장식이 매력적인 노트예요. 마치 소중한 그림을 담아두는 액자 같은 이 프레임 안에 나의 마음을 담아보세요.
- 카웨코 스포츠 만년필은 뚜껑을 닫으면 약 10㎝ 정도 되는 작은 크기예요. 라이프 노트의 클래식한 표지와 더할 나위 없이 잘 어울립니다.

기록하는 법

1. 메뉴, 날짜와 시간 적기 오늘 먹은 음식을 적어보세요. 날짜와 시간도 함께요.

2. 마음 적기

그 메뉴를 고른 이유를 생각하며 간단히 기록을 남겨보세요. 식사할 때의 기분, 먹으면서 든 생각, 일과를 적는 것도 좋아요.

3. 돌아보기

한 달 뒤에 적어둔 메모들을 쭉 훑어보세요. 내 마음이 어떤 맛을 자주 찾는지, 어떤 순간에 유독 허기가 지는지를 알게 될 거예요.

포인트

건강하지 않은 음식을 먹었다고 너무 자책하지 마세요. 이 기록의 목적은 '반성'이 아니라 '관찰'이거든요.

오늘 먹은 음식이 오늘 나의 마음입니다.

NO. 010

잃어버린 시간을 찾아서

#화요일의 시간

입버릇처럼 "뭘 했다고 벌써"라는 말을 달고 삽니다. "뭘 했다고 벌써 주말이야", "뭘 했다고 벌써 월말이야", "뭘 했다고 벌써 연말이야…." 남들에게도 똑같이 주어지는 시간이 왜 제게만 없는 것 같을까요?

특별히 대단한 일을 하느라 시간이 빠르게 흐르는 것도 아닙니다. 왜 시간이 이렇게 가버린 건지 모르겠어요. 남들처럼 일하고, 밥 먹고, 잠드는 평범한 일상인데 어디에선가 제 시간만 줄줄 새고 있는 기분입니다. 제 시간은 매일 어디로 사라지는 걸까요?

_늘 시간이 없는 것 같은 G

G 님의 사연을 들으며 '시간 도둑 맞았태하'라는 영상이 떠올랐어요. 태하라는 꼬마의 아침 기상 과정이 담긴 아주 짧은 홈캠 영상이거든요.

6시 54분, 아침 일찍 일어난 태하가 침대에서 몸을 일으키다 이렇게 말해요. "어…, 벌써 아침이야?" 그리고 잠시 멍하니 있다가 두리번거리며 침대 밑으로 내려오는데요. 이때 하는 말이 압권이에요. "내가 언제 잤었지?"

이 영상을 몇 번이나 돌려 봤는지 몰라요. 태하가 귀여운 것도 있지만, '시간을 도둑맞았다'라고 나오는 자막이 꼭 제 이야기 같았거든요. 저 같은 랜선 이모, 삼촌들이 많았는지 공감 댓글도 수두룩했죠.

> '태하야, 이모랑 똑같네. 이모도 언제 잠들었는지 모르고 아침인 게 당황스럽지만 일터로 간다.'
> '이모는 세월을 도둑맞아서 벌써 서른여섯 살이야.'
> '잃어버린 시간을 찾아서….'

집중력을 도둑맞은 것도 억울한데 시간까지 빼앗기며 매일 타임푸어로 살아가는 우리. 도대체 시간은 누가 이렇게 훔쳐

가는 걸까요?

'리얼리티 블루스'의 화요일

저는 계획에 얽매이기보다 그때그때 필요한 일에 집중하는 유연한 스타일이에요. 상황에 맞춰 우선순위를 바꾸는 편이라 나름대로 시간을 잘 쓰고 있다고 생각했죠. 그런데 이상하게 하루가 끝나면 '오늘 뭐 했더라?', '나 왜 이렇게 바쁘지?' 싶은 순간이 자주 찾아왔어요. 알차게 보낸 것 같으면서도 정작 시간의 주인은 내가 아니었던 것 같고, 뭔가를 해낸 게 아니라 상황에 끌려다닌 것 같은 느낌이 들었달까요.

유튜브에서 《시간을 찾아드립니다》의 저자 애슐리 윌런스(Ashley Whillans) 교수의 강연을 본 적이 있어요. 시간을 더 풍요롭게 쓰고 싶다면, 먼저 내가 시간을 어디에 쓰기로 결정하는지 그 패턴부터 들여다보라고 하더라고요. 나의 선택 방식을 파악하는 것만으로도 달라질 수 있다니. 구체적인 방법이 궁금해 찾아봤어요. 화요일 하루 동안 시간을 어떻게 사용하는지 자세히 기록해보라고 하더라고요. 그런데 왜 하필 화요일일까요?

윌런스 교수에 따르면, 화요일은 월요일처럼 유난스럽지 않고 주말과도 멀어서 평소 습관이 가장 가감 없이 드러나는 날이라고 해요. 현실의 무게가 본격적으로 느껴진다고 해서 '리얼리티 블루스(Reality Blues)'라 부르기도 하더라고요. 월요일에 미뤄둔 일은 쌓여 있고, 수요일의 고비는 아직 오지 않았으며, 주말은 아득히 멀게만 느껴지는 날. 그러니까 화요일은 '기억에 남기 어려운, 가장 평범하고 가장 잃어버리기 쉬운 날'이라는 거죠. 시간 도둑은 특별한 날이 아니라 이런 무던한 일상 속에 숨어 있을 확률이 높으니, 화요일을 기록해보라고 권하는 거였어요.

시간 기록은 예전에도 시도해본 적이 있거든요. 매일 하려니 큰 부담이 되어서 매번 쓰다 말았는데, 일주일에 딱 한 번 화요일만 기록하면 되니까 훨씬 가볍게 느껴지더라고요. 7시부터 23시까지 한 줄씩 쓸 수 있는 노트를 골라 한 시간 단위로 적어봤어요.

2025년 8월 19일 화요일

07:00 알람 끄고 침대에서 스마트폰 봄 → 시간 낭비, 목적 없는 시간, 개선하고 싶음

08:00 홈트 → 피곤하지만 뿌듯, 에너지가 생기는 기분

09:00 씻기, 뉴스 보면서 아침 먹기 → 아침 식사에 집중하지 않고 TV에 더 집중함

10:00 릴스 편집 → 집중해서 빨리 끝냄, 칭찬해주고 싶은 시간

11:00 광고 자료 제작 → 미루다 닥쳐서 하는 나를 자책, 하다 말고 딴짓 자꾸 함

13:00 점심, 유튜브 → 책상 앞에서 먹음, 여유를 갖고 싶다고 생각함

14:00 빨래, 청소 → 눈에 보여서 갑자기 하기 시작함

15:00 메일 확인, 회신 → 꼭 해야 할 일 중 하나였음, 아침에 보지 않길 잘했다고 생각함

16:00 피곤해서 소파에서 뒹굴 → 차라리 낮잠을 잘걸, 스마트폰 보다가 한 시간 지나서 후회함

17:00 독서 → 우연히 집어 든 책인데 엄청 재미있어서 시간 순삭!

18:00 윤지를 만남 → 윤지가 우리 동네로 와줌, 함께 즐거운 시간을 보냄

21:00 귀가, 씻기, 집 정리 → 설거지랑 집 정리하다 보니 두 시간 지나감, 살림 스트레스

23:00 넷플릭스 → 뭘 볼까 고르다 30분 지남, 그냥 잘걸

화요일의 시간을 여러 차례 기록하다 보니 시간 도둑의 정체를 알게 되었어요. 침대에서 스마트폰을 보는 시간, 식사하며 TV나 유튜브를 켜두는 시간, 자기 전 넷플릭스에서 뭘 볼까 고르는 시간까지. 하나하나는 대수롭지 않아 보였는데, 모아 보니 네 시간 가까이 되더라고요.

자취할 때부터 적막함이 싫어 습관적으로 영상을 틀어두곤 했어요. 그게 굳어져서인지 이제는 뭐든 틀어놓지 않으면 허전해서, 집중해야 할 일이 아닐 때는 거의 자동으로 영상을 재생하고 있더라고요. 분명 뭔가를 보긴 했는데 정작 내게 남는 건 없는 시간들이었죠. (잡았다, 요놈!)

또 다른 시간 도둑의 정체는 살림이었어요. 빨래, 설거지, 청소 같은 것들이요. 삶을 유지하는 데 꼭 필요한 일이고 중요하다는 것을 너무 잘 알지만, 집에서 일하는 시간이 긴 제게는 늘 당장 처리해야 할 숙제처럼 느껴져 스트레스였거든요. 시간도, 시간을 쓸 마음의 힘도 야금야금 빼앗아가더라고요.

그렇게 시간 도둑들을 하나씩 잡고 나니 놓치고 있던 것들이 보였어요. 무엇보다 자연과 교감하는 시간이 거의 없었다는 걸 알게 되었죠. 벚꽃이 다 지고 나서야 '올해도 벚꽃 구경을 못 했네' 하고 아쉬워하던 지난 봄이 떠올랐어요. 하루에 한 번은 하늘을 올려다보고 창밖 풍경에도 관심을 두자고 마음먹었는데, 어느새 또 한 계절이 지나 있다니….

도둑맞은 시간 찾기 프로젝트

시간을 잘 쓰고 싶어서 더 잘게 쪼개거나 더 빡빡하게 채워보려고 했었어요. 하지만 도둑맞은 시간을 되찾는 법은 내가 어떤 일에 마음을 쓰고 싶은 사람인지, 그걸 다시 생각해보는 일이더라고요. 나를 이롭게 하는 일에는 곁을 더 내어주고, 나를 소진시키는 일에는 가능하면 거리를 두는 것.

잃어버린 시간을 되찾기 위해 먼저 살림부터 외주화했어요. 전문가의 도움으로 집이 깨끗해지는 것보다 더 큰 수확은 '결정의 피로'에서 벗어났다는 거예요. 집에서 일하다 보면 시선이 닿는 곳마다 선택지가 놓여 있었거든요. 분리수거를 할까 말까, 쌓인 먼지를 닦을까 말까. 그런 자잘한 고민이 사라지자 머리가 한결 가벼워졌어요. 덕분에 일에 더 집중할 수 있었고, 밤엔 책을 몇 장이라도 넘길 여유가 생겼죠. 살림에 쓰이던 시간뿐 아니라 살림을 생각하느라 소모되던 에너지까지 함께 줄어들어서 하루의 리듬이 더 단단해졌어요.

여가를 보내는 방식도 바꿨습니다. 전에는 시간이 생기면 그냥 그때그때 하고 싶은 걸 했어요. 대개는 습관처럼 스마트폰을 스크롤하며 시간을 흘려보내곤 했죠. 겉보기엔 쉬는 것 같았지만, 쉴 거리를 찾느라 에너지를 더 쓰는 시간이었어요.

그래서 요일별로 저를 위한 시간을 예약해두기로 했습니다. 신앙 공부, 운동, 문화 예술 강좌 수강까지. 일과에 무리가 가지 않는 선에서 내면을 채우는 일들을 곳곳에 배치했어요. 그 시간이 되면 고민 없이 저를 맡깁니다. 의도적으로 마련한 시간 속에 들어가니 여가 시간의 밀도도, 만족도도 함께 높아졌어요.

잃어버린 시간을 찾아서

G 님, 혹시 영화 〈니모를 찾아서〉를 보신 적 있나요? 아빠 말린이 납치된 아들 니모를 찾아 대양을 누비는 이야기거든요. 말린에게 니모는 잃어버려서는 안 될, 무엇과도 바꿀 수 없는 존재였어요. 눈앞에서 사라진 뒤에야 그 소중함을 온몸으

로 깨닫게 되는 존재이기도 했고요. G 님에게도 그런 시간이 있지 않을까요. 지금은 멀어진 것 같지만 분명 되찾고 싶은 나만의 시간이요.

요즘도 시간을 잃어버린 기분이 들 때면, 화요일의 시간을 기록해둔 노트를 이따금 펼쳐보는데요. 언젠가 남겨두었던 메모를 G 님께 보냅니다.

> 말린이 결국 니모를 찾아냈다는 걸 기억해. 언제든 니모를 찾으려는 마음만 있으면, 잃어버린 네 시간과 다시 만날 수 있을 거야.

'화요일의 시간' 레시피

재료

• 로이텀 하드커버 데일리 A5 • 무인양품 폴리프로필렌 노크식 형광펜

재료 선정 팁

• 로이텀 하드커버 데일리 노트는 7시부터 22시까지 시간대별 타임라인이 있어 하루를 시간순으로 기록하기 좋아요.

• 만약 인쇄된 날짜가 아닌 날에 기록하고 싶다면 원형 스티커 등을 사용해 기존 날짜 위에 붙여서 기록해보세요.

• 노크식 형광펜은 뚜껑이 없어 한 손으로도 편하게 쓸 수 있어요.

기록하는 법

1. 기록할 요일 정하기 일주일 중 나의 평소 습관이 가장 가감 없이 드러나는, 가장 평범해서 잃어버리기 쉬운 요일을 골라보세요. (윌런스 교수가 추천한 화요일을 권해요)

2. 있는 그대로 적기

아침부터 밤까지, 한 시간 또는 원하는 단위로 내가 한 일을 기록해보세요. 멍하니 보낸 시간, 딴짓한 시간까지 솔직하게 적는 거예요.

3. 시간에 이름 붙이기

- 하루를 마친 뒤, 기록한 시간 옆에 나만의 태그를 붙이거나 색칠해보세요. 내 시간의 '색깔'을 파악할 수 있을 거예요.
- 색상별 태그는 다음과 같이 할 수 있어요.

-블루(무의식): 스마트폰 스크롤 등 무의식적으로 흘려보낸 시간
-오렌지(휴식): 온전히 나를 위해 사용한 재충전의 시간
-핑크(몰입): 집중해서 생산적인 일을 해낸 시간
-옐로우(성장): 새로운 지식이나 경험을 쌓은 학습의 시간
-그린(관계): 가족, 친구 등 소중한 사람과 함께한 시간

4. 나만의 대안 세우기

색깔별 비중을 분석해 시간 도둑은 잡고, 나를 이롭게 하는 시간을 더 배치해보세요.

-시간 도둑 감금하기: 스마트폰 알림 OFF, 유튜브 자동재생 끄기 등
-나를 위한 시간 예약하기: 뜨개질, 드로잉 등 나를 기쁘게 하는 일을 하는 시간 정하기

포인트

무엇을 했는가만큼 무엇에 마음을 두었는지도 중요해요. 시간을 기록하며 내가 기쁨을 느끼는 순간, 에너지를 뺏기는 순간을 관찰해보세요. 내 마음이 향하는 곳을 아는 것만으로도 시간은 다시 나의 편이 되어줄 거예요.

NO. 011

생각이 팝콘처럼 튀어 오를 때

#생각 주차장

저는 평소에도 생각이 많은 편이에요. 샤워할 때나 출근길은 물론이고 심지어 누군가와 대화하거나 잠들기 직전까지도 머릿속이 조용할 날이 없어요. 끊임없이 아이디어를 내야 하는 일을 하다 보니 이런 성향이 장점이 될 때도 있습니다. 불현듯 떠오른 생각이 좋은 기획이 되고 업무에 잘 쓰이는 경우도 많으니까요.

문제는 온전히 하나에 집중하고 싶을 때예요. 팝콘처럼 여기저기 팍팍 튀어 오르는 생각을 좇다 보면 주의가 산만해지고 오늘 내로 끝낼 수 있는 일도 며칠이나 붙들게 되거든요. 사람들은 아이디어가 풍부해서 좋겠다고 말하지만 정작 저는 성인 ADHD가 아닌가 걱정이 돼요.

_이 사연을 쓸 때도 오만가지 생각을 한 L

L 님의 사연을 읽는데 마치 제 일상을 들여다본 느낌이었어요. 저도 아침에 눈뜨는 순간부터 잠들기 전까지, 끊임없이 머릿속이 바쁘게 돌아가거든요. 안 그래도 조금 전에 머리를 감고 왔는데 그 짧은 시간에 온갖 생각을 하고 왔어요.

'어제 주문한 책이 오늘 올까?'
'이따가 나갈 때 영양제 꼭 챙겨 먹고 나가야지.'
'오늘 최저 기온 몇 도지? 옷 어떻게 입고 나가야 하지?'
'도서관 강연 자료에 새로 산 노트 사진 추가해야겠다.'
'원고 쓸 때 도쿄 카페 ASMR 틀어둬야지.'
'인스타그램에 집중 잘 되는 플레이리스트를 공유할까?'

일을 하려고 책상에 앉았을 때도 비슷했어요. 오늘의 할 일 리스트를 적고 PC를 켰는데, 바탕화면이 뜨는 그 찰나에 책상 위 《책을 읽는 방법》이라는 책이 눈에 들어왔죠. 표지의 '속독 콤플렉스'라는 문구가 궁금해서 책을 펼쳤고, 목차를 읽다가 '이거 ○○ 언니한테 보내줘야지' 싶어서 사진을 찍어 카톡을 보냈어요. 마침 언니가 바로 답장을 해와서 한참 이야기를 나누다 보니, 어느새 PC 화면은 잠금 모드로 바뀌어 있더라고요. '맞다, 나 일해야 하는데!'

떠오르는 생각에 즉각 반응하다보니 할 일을 제때 못 끝내는 날들이 늘어갔어요. 도대체 이걸 어떻게 해결해야 하나 싶었죠.

달리는 생각을 잠시 주차해보세요

처음에는 도파민 중독 때문인가 싶어서 도파민 단식을 시도해봤어요. 즉각적으로 만족을 주는 일들을 하지 않으려고 의식적으로 노력했는데 쉽지 않더라고요. 참다가 한번 딴짓하기 시작하면, 더 긴 시간 동안 원래 하려던 일로 돌아오기 어려웠죠.

저를 성장하게 하는 대부분의 일은 '한 가지에만 집중하지 않을 때 떠오르는 생각'에서 나오거든요. 인스타그램에 올리는 콘텐츠부터 커뮤니티 모임 운영에 반영할 내용, 언젠가 써보고 싶은 책의 주제들까지. 코끼리를 떠올리지 말라고 하면 코끼리가 더 선명하게 떠오르는 것처럼, 딴생각을 하지 말아야지 다짐할수록 오히려 더 신경이 쓰였어요.

그래서 시작한 게 '생각 주차장(Thought Parking Lot)'이라는 기록이에요. 생각 주차장은 원래 회의나 브레인스토밍할 때 사용하는 방식인데요. 지금 당장 깊게 파고들 필요는 없지만 그렇다고 스쳐 지나가기엔 아까운 생각들을 임시로 보관해두는 개념이에요.

책을 읽다가 '아, 누구에게 이거 공유해야지!' 하는 생각이 떠올랐다고 해볼게요. 생각을 그냥 내버려두면 뇌는 계속 '지금 해! 지금 안 하면 까먹어!'라고 신호를 보내요. 곧 주의가 흐트러지죠. 하지만 이 생각을 노트에 적어두는 순간 뇌는 안심해요. '아, 여기 주차해뒀으니까 안전하네. 나중에 처리하면 되겠다.'

뇌과학에서도 비슷한 이야기를 하더라고요. 머릿속에서 맴도는 생각을 외부로 꺼내놓으면 작업 기억의 부담이 줄어들어서 집중력이 올라간다고요. 메모는 단순히 기록하는 게 아니라 뇌의 짐을 덜어주는 일이었던 거죠.

생각을 노트에 주차하는 저만의 몇 가지 방법이 있는데요. 어떤 일을 하든 옆에 항상 노트를 미리 펼쳐놔요. 떠오르는 생각을 언젠가로 미루지 않고 노트에 바로 적을 수 있어야 하니까요.

이때 중요한 건 완벽한 문장일 필요는 없다는 거예요. '엄마 생일 선물', '회의 때 말해야 할 것', '집 정리'처럼 단서만 남겨도 충분해요. 물론 길게 쓰고 싶으면 길게 써도 되고요. 나중에 봤을 때 내가 무슨 생각을 했는지만 알 수 있으면 돼요.

노트 상단에는 날짜와 함께, 무엇을 하던 중에 기록을 하고 있는지도 적어둬요. 나중에 다시 볼 때 생각의 출처를 기억하고 싶어서요. 쇼핑몰에 주차할 때 나중에 쉽게 찾으려고 정차 위치를 사진으로 찍어두잖아요. 생각도 그렇게 주차하면 나중에 확인하기가 편하더라고요.

생각의 종류도 구분하는데 번호 앞에 작은 동그라미 기호(○)를 붙이고, 회고할 때 색연필로 색칠을 하고 있어요. 빨간색은 영감이나 아이디어, 파란색은 해야 할 일, 초록색은 깨달음, 노란색은 감정이나 신체 반응을 의미해요. 이렇게 색으로 구분해두면 제가 주로 어떤 생각을 하는지, 어떤 생각이 집중을 흐트러뜨리는지가 한눈에 보여서 좋아요.

2025년 12월 10일 수요일

주차장 위치: 무인양품 워크숍 자료 준비 중

○ 1. 서면 인터뷰 내용에 답변 고민. 수아 샘과 역치에 관

한 대화.

○ 2. 베스트펜 대표님에게 연락할 것. 필사 키트 준비하면서 불렛저널 키트도 구성해보고 싶다고 여쭤보고 싶었는데 깜빡함. 친구들이 기록 도구를 한곳에서 주문할 수 있다면 각각의 도구를 알아보느라 시간을 낭비하지 않아도 되고 배송비도 아낄 수 있을 텐데.

○ 3. 배에서 계속 꾸르륵 소리 남. 뭐 잘못 먹었나?

○ 4. 정빈 님 계정 콘텐츠 생각남. 'AI가 당신의 일자리를 뺏을 거다?!'였다. AI가 아직도 뺏어가지 않은 영역인(?) 가사 노동이 담긴 짧은 영상이었는데 너무 웃김 ㅋㅋ 역시 공감이 되는 영상이 최고다! 만약 내 계정에서 이 주제로 영상을 만들어야 한다면? 크리에이터의 장점은 능력 있는 온라인 사수가 많다는 것이다. 김종구 아저씨, 원모 씨 할아버지. 요즘 나의 웃음 벨이자 콘텐츠 선생님.

생각이 이리저리 튀는 걸 단점으로 바라보면 자신을 주의가 산만한 사람으로 정의하게 돼요. 하지만 반대편에서 바라보면 어떨까요? 세상의 다양한 자극을 자신의 세계로 연결할 준비가 되어 있는 사람, 쏟아지는 정보들을 그냥 소비만 하는 게 아니라 삶의 재료로 삼을 줄 아는 사람이죠. 어떤 사람이 될 것인지는 결국 내가 나를 바라보는 관점에 달렸어요. 이 장점이 장애물이 되지 않도록 조절하는 것도 내게 달렸고요. 그래서 저는 매일 생각 주차를 하고 있어요. 비록 운전을 잘 못해서 진짜 주차는 못하지만요. (웃음)

개인적으로 캐러멜 맛 팝콘을 좋아하는데요. 언젠가 이 생각들이 고소하고 달달한 냄새를 풍기는 캐러멜 팝콘이 되어 세상 밖에 나오는 순간을 꿈꿔봅니다.

L 님의 생각 주차장에는 어떤 생각들이 주차되어 있나요?

'생각 주차장' 레시피

재료

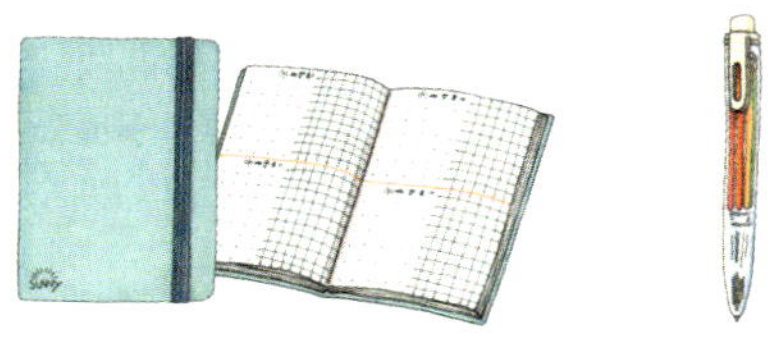

• IROHA 써니 로그　　• Art Multi 8

재료 선정 팁

• 써니 로그는 햇살(Sunny) 같은 기분으로 하루를 기록하고, 로그(Log)처럼 생각을 차곡차곡 담을 수 있는 노트예요. 옅게 인쇄된 도트와 그리드의 두 부분으로 구획이 나뉘어 있으니 기호에 맞게 활용해보세요.

• Art Multi 8은 여덟 가지 색상이 하나의 리드 홀더에 들어가 있는 멀티 색연필이에요. 그때그때 원하는 색을 사용할 수 있어서 여러 개의 색연필을 들고 다니지 않아도 되는 장점이 있답니다.

기록하는 법

1. 주차장 위치 정하기 노트 상단에 날짜와 지금 하는 일, 장소 등을 적어둬요. 나중에 다시 볼 때 생각의 출처를 기억하기 좋아요.

2. 바로 적기	• 지금 하는 일과 관련 없는 생각이 떠오르면 바로 적어요. • 생각 앞에 번호나 나만의 기호를 붙이면 회고할 때 편해요.
3. 주간 회고 때 색칠하기	• 일주일에 한 번, 적어둔 생각들을 다시 읽고 색연필로 색칠해요. • 색상별 의미를 정하면 내가 어떤 생각을 주로 하는지 한눈에 보일 거예요. -빨간색: 영감, 아이디어 -파란색: 해야 할 일 -초록색: 깨달음, 배움 -노란색: 감정이나 신체 반응
4. 색깔별로 처리하기	색깔별로 노트에 옮기거나 모닝 페이지에 자세히 기록해요. -빨간색: 콘텐츠 노트에 옮기거나 프로젝트에 반영 -파란색: 할 일 리스트나 캘린더에 추가, 완료 체크 -초록색: 일기나 모닝 페이지에 자세히 기록 -노란색: 패턴 관찰('이번 주 감정 기복 있었네' 등)

포인트

생각 주차장의 목적은 몰입을 방해하는 영감들이 달아나지 않게 잠시 머물 자리를 마련해주는 거예요. 주차해둔 생각들을 다시 만나는 즐거움은, 지금 내 앞에 놓인 소중한 일들을 마친 뒤에 누리기로 해요.

NO. 012

논리는 잠시 꺼두세요

#무조건 공감해드립니다

얼마 전 회사 상사한테 말도 안 되는 이유로 깨지고 너무 속상해서 친구들 단톡방에 하소연했어요. 팀장님이 잘못한 일을 제 실수로 몰고 가는 게 화가 난다고 메시지를 보냈죠.

그런데 돌아온 답변들은 '증거를 남겼어야지', '그 자리에서 네 실수가 아니라고 분명히 말했어야지' 같은 이야기들이었어요.

아니, 친구들이 하는 말도 맞는 말이긴 한데요. 저는 지금 잘잘못을 따지고 싶은 게 아니라 그냥 '그 팀장, 진짜 왜 그래? 너무 속상했겠다!' 이 말 한마디가 듣고 싶었거든요. 해결책이 필요한 게 아니라 그냥 제 편이 되어줄 한 사람이 필요했던 건데….

_논리적인 조언보다 내 편이 필요한 P

혹시 존 그레이의 《화성에서 온 남자, 금성에서 온 여자》라는 책을 아시나요? 남녀의 대화 방식 차이를 다룬 연애 지침서의 바이블 같은 책이거든요. 두 성별은 각각 화성과 금성, 즉 다른 별에서 온 것처럼 서로 다르다는 내용을 이야기합니다. 특히 남자는 '해결책'을 중요하게 생각하고, 여자는 '공감'을 원한다는 내용이 담겨 있는데요. P 님 주변 친구들은 아마 '화성에서 온 친구'일지도 모르겠어요. (웃음) 일단 공감 대장인 제가 P 님의 편을 들어드릴게요. "그 팀장님 진짜 왜 그래요? 너무 속상했겠다!"

코미디언 유병재 씨의 유튜브 채널을 종종 보는데요. 그중 구독자들의 모든 사연에 조건 없는 공감을 해주는 게 콘셉트인 '무조건 공감해드립니다', 줄여서 '무공해' 시리즈를 좋아해요. 이해가 잘 안 되는 사연에도 공감해보려 노력하는 유병재 씨의 리액션과 사연자들의 반응이 재밌거든요. 영상에 등장하는 사연들도 하나같이 소소하고 귀여워요.

말이 느려서 주변 사람들이 자신을 답답해하는 게 고민인 고등학생, 피자를 먹으면 자기가 좋아하는 치즈 크러스트 부분만 빼앗아 먹는 언니 때문에 속상한 동생, 내비게이션을 절대 믿지 않고 늘 당신이 원하는 길로 가시는 어머니가 답답한

대학생, 키가 커서 바지를 사는 게 어렵다는 중학생까지…. 고민을 들은 유병재 씨는 이런 말들로 맞장구를 칩니다.

"아니, 친구가 진짜 속이 좁네요!"

"와, 언니는 장발장이 아니라 그냥 도둑놈이죠!"

"도대체 어떻게 참았어요?"

"그 친구는 왜 그걸 안 알려줘? 뭔데 진짜? 어이없어."

"너무 잘했다. 당연히 그게 맞지!"

이 영상 안에서만큼은 누가 옳고 그른지는 중요하지 않아요. 사연자보다 더 화를 내주고, 한마디 한마디에 진심으로 공감하려는 마음이 중요하죠. 부정적인 댓글을 지워주는 배려까지 있답니다.

나를 있는 그대로 받아주는 공감 일기

P 님도, 저도 때로는 이런 조건 없는 공감이 필요한 순간들이 있잖아요. 문제는 내 옆에 항상 유병재 씨 같은 사람이 있을 수 없다는 거예요. 어떻게 할까 고민하다가 '무공해' 공책을 만들었어요. 어떤 이야기를 던져도, 나의 편이 되어줄

존재로 공책만큼 괜찮은 게 없더라고요. 이런 공간을 마련해 두었다는 사실만으로도 어쩐지 든든한 마음이 들었어요.

이 공간을 오래 지켜갈 수 있도록 두 가지 약속을 정했는데요. 하나는 이 공책에 기록하는 순간만큼은 누구의 눈치도 보지 말 것. 다른 하나는 그 어떤 조언이나 평가도 하지 말 것. 이 두 가지 약속을 포스트잇에 크게 써놓고 제일 앞장에 붙여뒀어요. 스스로에게 무조건 공감해주기로 한 약속을 잊지 말라고 던지는, 일종의 귀여운 경고였죠.

기록하는 방법은 아주 간단해요. 억울하거나 속상한 상황을 적고, 내 안의 유병재 페르소나를 꺼내서 무조건 공감을 해주는 거예요. P 님의 상황을 제가 겪었다고 상상하면서 무공해 기록을 남겨볼게요.

2025년 11월 25일 화요일

'상황 털어놓기'

회사에서 요즘 중요한 프로젝트를 진행하고 있어. 회의 끝에 팀장이 A 안으로 하면 좋겠다고 해서 일주일 동안 밤새다시피 하면서 준비했단 말이야. 그런데 오늘 고객사에서 왜 A 안으로 했냐고, 마음에 안 든다고 뭐라고 했나 봐.

그랬더니 세상에, 이제 와서 나한테 왜 자기 말을 똑바로 안 듣고 잘못된 방향으로 준비를 해서 이런 상황을 만들었냐고 화를 내는 거야. 그것도 다른 팀원들 있는 앞에서…. 자기가 실수해놓고 왜 나한테 그러는 건지 도대체 이해가 안 돼. 내가 만만한가? 진짜 너무 화가 나는데 그때는 아무 말도 못 하고 집에 와서 맥주 마시면서 혼자 엉엉 울었어.

'무조건 공감해주기'

너 제대로 잠도 못잤는데 팀장 때문에 더 힘들었겠다. 밥은 먹었어? 듣는 내가 너무 속상하고 화가 난다. 팀장님 금붕어세요? 자기가 한 말을 왜 기억을 못 하지? 기억을 못 하는 척하는 건가? 진짜 비겁해. 다른 팀원들 앞에서 그랬다는 게 제일 문제야. 그건 진짜 아니지. 따로 불러서 조용히 얘기해도 모자랄 판에 왜 그러는 거야.

너 얼마나 창피했어. 많이 억울했지. 나는 다른 것보다 네가 너를 탓하고 있을까 봐 걱정된다. 팀장한테 중간에 한 번 더 확인했으면 어떻게 됐을까, 혹시 진짜로 내가 잘못 들었던 건 아닐까 이러면서 자책하고 있을까 봐. 너 잘못한 거 하나도 없어. 설사 잘못을 했다고 해도 팀장이 한 행동은 상대를 존중하는 태도가 아니야.

그러니까 주눅 들지 마! 오늘은 화내도 되고, 울어도 되는 날이야. 마라엽기떡볶이 시켜서 맥주랑 맘껏 먹어. 이 정도면 분모자에 비엔나 추가해도 되는 날이야.

조금 유치해보일지 몰라도, 이 방식은 생각보다 꽤 효과가 있답니다. 내 존재가 있는 그대로 받아들여진 기분이 들거든요. 공감은 단순히 네 말이 맞다고 맞장구치는 기술이 아니라 지금 내가 느끼는 감정을 있는 그대로 받아주는 일이더라고요. 누군가 온전히 내 편을 들어줬다는 느낌, 그게 비록 나 자신일지라도 그 힘이 얼마나 대단한지 이 기록을 할 때마다 실감하고 있어요.

문장 수집 폴더를 한참 뒤적이다가, P 님의 무공해 공책 앞장에 적어두면 좋겠다 싶은 문장을 찾았어요. 정혜신 박사님의 글에 저의 응원을 가득 담아 보냅니다.

> "당신이 옳다."
>
> 온 체중을 실은 그 짧은 문장만큼 누군가를 강력하게 변화시키는 말은 세상에 또 없다.
>
> _정혜신, 《당신이 옳다》

'무조건 공감해드립니다' 레시피

재료

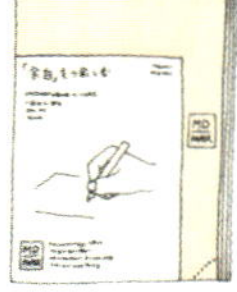

- 미도리 MD노트 코덱스 저널
- 트위스비 에코 만년필

재료 선정 팁

- 코덱스 저널은 여백이 넉넉해서 비어 있는 책처럼 느껴져요. 노트 모서리는 점선을 따라 뜯을 수 있는데 이 작은 공간을 활용해보세요. 기록을 마친 뒤 그날의 핵심 감정이나 나에게 꼭 해주고 싶은 문장 하나를 적어 따로 모아두는 거예요. 이 응원과 위로의 조각들이 차곡차곡 쌓이면, 마음이 허한 날 꺼내 볼 수 있는 나만의 '비상용 마음 처방전'이 되어줄 거예요.
- 트위스비 에코 만년필은 잉크 흐름이 좋아 필기감이 부드러워요. 끊김 없이 내 마음을 받아 적어줄 이 기록과 잘 어울립니다.

기록하는 법

1. 상황 털어놓기

- 누군가에게 하소연하듯, 지금 나를 힘들게 하는 상황을 있는 그대로 적어보세요.

- 문장이 매끄럽지 않아도 괜찮아요. 비속어가 섞여도 좋으니 솔직하게 털어놓는 게 중요해요.

2. 무조건 공감하기

유병재 페르소나를 소환해, 내가 털어놓은 모든 이야기에 무조건 공감해주세요.

- 대리 분노: 나보다 더 격하게 화내기. "그 사람, 진짜 제정신이야?"
- 무한 슬픔: 나의 억울함을 깊이 알아주기. "얼마나 속상했을까. 고생했어."
- 철벽 방어: 어떤 상황에서도 내 편 들기. "네 잘못이 아니야. 상황이 꼬인 거야."

3. 마음 환기하기

- 충분히 쏟아냈다면 내 마음이 편안해지는 쪽으로 매듭을 지어보세요.
- 현실의 잘잘못을 따지기보다는 '나는 무죄', '나는 충분히 애썼음'으로 마침표를 찍어도 좋아요.
- 기록으로 마음의 독소를 빼냈다면 가벼워진 마음으로 나를 돌봐주세요. 맛있는 것을 먹거나 푹 자는 것도 충분히 좋은 마무리예요.

포인트

이 기록의 목적은 누군가를 설득하거나 문제를 해결하는 것이 아니에요. 그저 내 마음의 소리에 온전히 귀를 기울이고, "네 말이 맞다"며 내 손을 잡아주는 것만으로도 충분합니다.

무조건, 당신 말이 맞아요.

당신이 옳아요.

NO. 013

인류애를 충전해드립니다

#좋은 사람 도감

요즘은 SNS 앱을 열기가 조금 무서워요. 머리 좀 식히려고 들어갔다가도, 10분만 보고 있으면 기운이 쭉 빠지거든요. 정치, 젠더, 세대 갈등…. 주제만 다를 뿐 댓글창엔 각자 하고 싶은 말만 하는 사람들로 가득하고, 익명 뒤에 숨어 던지는 말들이 너무 날카로워요.
처음엔 '세상에 별사람 다 있네' 하고 넘겼어요. 그런데 매일같이 그런 콘텐츠에 노출되니 점점 마음이 불편해지더라고요. '묻지마 범죄' 같은 자극적인 뉴스들, 거기에 혐오와 비난 가득한 댓글들까지 보다 보면 세상이 무섭게 느껴지기도 해요.
왜 사람들은 이렇게까지 화가 나 있을까요?

_각박해진 세상이 슬픈 N

인스타그램에서 분유를 정확히 계량하는 법에 대한 영상을 본 적이 있어요. 육아하면서 알게 된 소소한 노하우를 공유하는 영상이었거든요. '좋아요' 버튼을 누르려다 댓글창을 열었는데 깜짝 놀랐어요. 묻지도 않은 훈수와 참견이 난무하는 전쟁터였거든요.

'젖병이나 먼저 씻어라.'
'영상 올릴 시간에 육아 책으로 공부 좀 하지.'
'이런 기본적인 것도 모르면서 아이를 키운 거냐?'
'지식이 있어야 남한테 알려줄 수도 있는 거다!'

초보 엄마가 분유 계량하는 방법을 공유한 것뿐인데, 이렇게까지 지적과 비난을 받을 일인가 싶어 씁쓸하더라고요. 물론 사람마다 생각이 다를 수 있고, 의견을 나눌 수 있다고도 생각해요. 하지만 익명이라는 커튼 뒤에 숨어서 아무 말이나 하는 건 좀 아니잖아요.

댓글창을 보며 안타까워했던 시간을, 알고리즘은 관심을 두고 더 보고 싶은 것으로 이해한 모양이에요. 논쟁적 콘텐츠를 원하는 줄 알고 비슷한 게시물을 쏟아내더라고요. 탐색 탭은 어느새 혐오와 비난으로 도배되었죠. 계속 보다간 세상을 삐딱하게 바라보는 사람이 될 것 같았어요.

그래서 알고리즘을 반대로 이용하기로 했답니다. 혐오와 반목, 범죄 대신 사람 냄새 나는 따뜻한 이야기, 인생의 아름다운 면모를 보고 싶다고 알고리즘에 신호를 보내기 시작했어요.

손녀에게 따뜻한 식사를 만들어주시는 할아버지, 고사리 같은 손을 흔드는 아기를 보며 창문을 내리고 인사를 해주시는 소방관, 암을 이겨내는 과정을 기록하고 있는 환자에게 있는 힘껏 응원을 보내는 따뜻한 댓글들. 이런 콘텐츠들을 볼 때마다 '좋아요'를 열심히 눌렀더니 요즘은 알고리즘이 다정함을 키워드로 열일하고 있어요. 내가 어디에 시선을 두느냐에 따라 세상은 전혀 다른 얼굴을 보여주더라고요.

행복의 조건은 내 주위의 '좋은 사람들'

알고리즘을 바꾸는 방법은 비단 스마트폰 속 세상에만 적용되는 게 아니었어요. 일상에서도 내 시선을 어디에 두느냐에 따라 전혀 다른 모습을 발견할 수 있거든요. 그 방법을 배우게 된 책이 바로 묘엔 스구루의 《좋은 사람 도감》이에요.

제목부터 흥미롭지 않나요? 일상 속에서 발견한 '좋은 사람'들을 마치 포켓몬 도감을 채우듯 하나하나 수집해 기록한 책인데 그 목록이 참 재미있어요. 세상을 구하는 영웅이나 큰 선행을 베푼 사람이 아니라 우리 주변에서 흔히 볼 수 있는, 소소한 다정함을 가진 사람들이거든요.

남이 좌석 앞을 지나갈 때 다리를 들어주는 사람
어린이와 이야기할 때 쪼그려 앉는 사람
발표할 때 미소 띤 얼굴로 고개를 끄덕이며 들어주는 사람
여행 때 멀티탭을 가져오는 사람
화상 회의에서 일단 카메라를 켜주는 사람

책의 띠지에는 이런 문구가 쓰여 있어요. "좋은 사람을 발견한 횟수만큼, 일상이 행복해진다!" 이 문장을 읽고 괜히 웃음이 났어요. 행복의 필요조건은 큰 성공, 많은 돈, 대단한 성취, 특별한 사건이 아니라는 뜻 같아서요. 오늘 하루를 보내면서 '좋은 사람'을 발견하는 것만으로도 충분히 행복해질 수 있다는 말처럼 들렸거든요.

세상이 각박해졌다며 투정을 부리기보다는 일상을 바라보는 제 시선을 바꾸고 싶어졌어요. 그래서 좋은 사람들을 하나씩 모으기 시작했죠. 세상은 여전히 시끄럽고 뉴스에는 험한 소식이 가득하지만 제 도감 속에 수집된 사람들은 온기가 가득했어요.

- 출근길 지하철에서 백팩을 앞으로 메 공간을 만들어준 학생
- 양손에 짐을 든 나를 위해 문을 잡아준 201호 아저씨
- 서툰 알바생에게 "천천히 해도 돼요" 말해주던 아주머니
- 모든 승객이 앉은 후 출발한 버스 기사님
- 유아차를 밀고 있는 아기 엄마를 위해 문손잡이를 잡아준 커플
- 엘리베이터에서 '닫힘' 버튼을 누르지 않고 기다려준 식당 직원
- 공원에 버려진 쓰레기를 주우신 할아버지
- 갑자기 내리는 비에 우산을 빌려준 카페 사장님

세상이 각박해진 건 사실일지도 몰라요. 하지만 그 틈새에서 여전히 서로를 배려하고, 양보하고, 마음을 나누는 주위 이웃들 덕분에 우리 사회가 아직은 살 만한 곳이라고 느낍니다.

그래서 마음의 렌즈를 닦아주는 일을 게을리하지 않으려고요. 아름다운 것을 보고, 느끼고, 감탄하기에도 모자란 게 우리의 인생이니까.

좋은 사람을 발견하고 누구보다 행복해할 N 님의 모습을 상상하며, 좋은 사람 도감에 이렇게 적었어요.

'이 책을 읽어준 독자님은 좋은 사람.'

'좋은 사람 도감' 레시피

재료

• 에피소드 노트 • 귀여운 스티커

재료 선정 팁

에피소드 노트에는 페이지마다 1부터 100까지 숫자가 크게 적혀 있어요. 좋은 사람 100명을 채우고 싶은 의지가 절로 샘솟을 거예요.

기록하는 법

1. 당연함에 물음표 붙이기

눈앞에 보이는 장면에서 이렇게 생각해보는 거예요.

-카페 직원이 인사를 건네지 않았더라면?
-동료가 점심 메뉴로 뭘 먹고 싶은지 물어보지 않았더라면?

2. 좋은 사람 별칭 붙이기	오늘 발견한 '좋은 사람'에게 나만의 이름을 붙여 보세요. 구체적으로 묘사할수록 그 다정함은 내 기억 속에 더 선명하게 남을 거예요. -매번 밝은 미소로 '어서 오세요'라고 인사를 건네는 직원 -내가 먹고 싶은 메뉴를 기억했다가 제안해주는 동료
3. 노트 채우기	• 잠들기 전 5분, 오늘 수집한 좋은 사람을 노트에 적어보세요. • 그 옆에 그림을 그리거나 스티커를 붙여도 좋아요.
4. 도감 구경하기	내가 수집한 좋은 사람 도감을 수시로 펼쳐보세요. 인류애가 절로 충전될 거예요.

포인트

무심코 지나칠 법한 사소한 배려에 '다정함'이라는 이름을 붙이는 순간, 차갑던 일상은 온기로 채워질 거예요. 내 곁에 있는 가족, 친구, 직장 동료 등 당연하지 않은 배려를 건네는 이들에게 고마운 마음을 전해보세요.

행복의 필요조건은 거창한 무언가가 아닌

내 주위의 '좋은 사람'입니다.

NO. 014

하루가 텅 빈 백지 같다면

#넘버 트래커

올해는 일기를 꼭 써보려고 예쁜 노트를 샀습니다. 하루를 기록하며 의미를 찾고 싶었거든요. 그런데 막상 펜을 들고 노트를 펼치니 망설여지더라고요. 하얗다 못해 푸른빛이 도는 깨끗한 첫 장을 보니, 고작 '회사 갔다 옴, 피곤함' 같은 시시한 문장으로 이 종이를 채워도 되나 싶어서요.

특별한 사건도 감동적인 깨달음도 없는 제 일상은 마치 아무것도 쓰여 있지 않은 백지 같아요. 억지로 뭐라도 써보려다 결국 그냥 덮어버렸어요. 하루가 너무 초라하게 느껴집니다.

_텅 빈 하루가 초라하게 느껴지는 K

2025년, 첫눈이 내린 어느 겨울날이었습니다. 첫눈치고는 제법 많은 양의 눈이 내렸죠. 지하철역으로 걸어가던 제 발길을 멈춰 세운 건 교회 앞마당에 서 있는 커다란 트리였어요. 반짝이는 전구 위로 소복이 눈이 내려앉은 모습이 어찌나 예쁜지, 당장이라도 달려가 사진으로 남기고 싶었거든요. 하지만 막상 하얀 눈 위로 발을 내디디려니 저도 모르게 주춤하게 되더라고요. 트리까지 이어진 길이 순백의 도화지 같아서, 제 발자국이 이 아름다운 풍경을 망쳐버릴까 걱정이 됐거든요.

노트의 첫 장을 펼쳐두고 고민하는 K 님의 마음도 이런 마음이 아닐까 해요. 아무도 밟지 않은 새벽의 눈밭 같은 이 종이 위에 어떤 이야기를 써야 할까, 글씨를 쓰다 틀리면 어떡하지, '좋았다, 즐거웠다, 싫다, 짜증 났다' 같은 단편적인 감정만 적는 건 아닐까, 이 깨끗한 페이지를 망치게 되는 건 아닐까 하는 그런 마음이요.

노트 앞에서 망설이는 모습은 K 님이 자신의 하루를 얼마나 아끼는지를 보여주는 증거라고 생각해요. 소중하기에 잘 채우고 싶은 마음이 드는 거죠. 무엇보다 완벽하게 시작하고 싶은 건 누구나 한 번쯤 품게 되는 마음이더라고요. 그 사실이 작은 위로가 되었으면 좋겠어요. 나만 그런 게 아니라는 사실이 때론 큰 힘이 되니까.

하루치의 숫자는 점이지만 쌓이면 선이 된다

K 님처럼 기록을 시작하기 어려운 분들의 고민을 들을 때면, 2년 전 기록 모임에서 만난 60대 여성분의 수첩을 이야기해드리곤 해요. 모서리가 둥글게 닳은, 오래된 검은색 가죽 수첩이었는데요. 그 안에 적힌 내용이 저를 비롯해 그 모임에 있었던 다른 분들께도 큰 깨달음을 주었거든요.

종이 뒷면이 오돌토돌하게 만져질 만큼 한 자 한 자 눌러쓴 노트에는 숫자가 빼곡히 적혀 있었어요. '2023년 8월 17일 8,246.' 왼쪽 칸엔 날짜, 오른쪽 칸에 기록된 건 걸음 수였죠. 걸음 수를 왜 매일 적으시는지 여쭤봤어요.

> "제가 뇌출혈로 건강 관리를 꾸준히 해야 하거든요. 걸음 수를 매일 쓰고, 월말엔 총 얼마를 걸었나 합계를 내요. 걸음 수만큼 남편이 용돈을 주거든요. 재미도 있고, 용돈도 받고, 건강도 챙기니 1석 3조예요. 숫자가 적은 날엔 '내일은 조금 더 걸어야지' 다짐도 하고, 날씨에 따라 달라지는

컨디션도 체크하고…, 아주 좋습니다."

8,246. '건강을 위해 노력했다'거나 '귀찮음을 뒤로하고 걷기에 성공했다'는 문장보다 더 묵직함이 느껴지는 기록이었어요. 아픈 몸을 일으켜 기어이 운동화 끈을 조여 매는 시간, 무거운 현관문을 열고 세상 밖으로 나서는 의지, 수첩에 걸음 수를 적으며 오늘을 살아낸 나를 쓰다듬고 내일의 나를 위해 다짐했을 마음까지…. 숫자 안에는 그분이 살아낸 시간이 담겨 있었습니다.

숫자의 다정한 응원

텅 빈 하루처럼 느껴지는 날, 마음이 쪼그라드는 날이면 저도 종종 숫자의 위로를 받곤 해요. 만보기 앱에 뜨는 걸음 수 11,360, 내 몸을 위해 챙겨 마신 물 600㎖, 잠들기 전 읽은 책 20쪽까지, 노트 귀퉁이에 무심하게 적어둔 숫자들이 속삭이거든요. 대단한 일을 해내지 않은 하루도 너무 괜찮다고, 아무것도 하지 않은 게 아니라고, 제자리걸음인 줄만 알았던 너의 하루도 실은 멈추지 않고 나아가고 있는 거라고, 그러니 너무 우울해하지 않아도 된다고.

첫눈이 내리던 날의 일기를 오랜만에 펼쳐봤어요. 눈밭 앞에서 발을 내디딜까 말까 망설이던 제 모습을, 만약 누군가 사진으로 찍었다면 어땠을까 하는 생각이 들더라고요. 아마 그 망설임의 시간도 눈 내리는 밤의 한 장면으로 남았겠죠. K 님이 노트 앞에서 망설이는 시간도 그래요. 그 시간 자체가 이미 충분히 아름다운 기록이자 인생의 한 페이지라는 걸, 꼭 기억했으면 좋겠어요.

오늘도 만약 노트에 무엇을 써야 할지 망설여진다면, 그럴싸한 문장 대신 아주 작은 질문에 대한 답을 숫자로 남겨보세요.

"오늘 먹은 저녁 메뉴는 10점 만점에 몇 점?"

'넘버 트래커' 레시피

재료

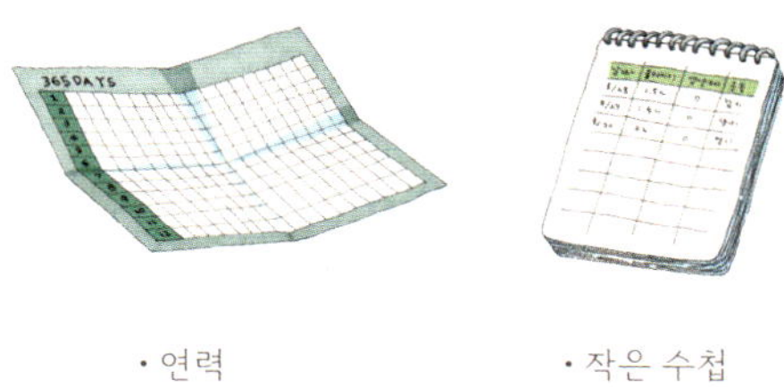

• 연력 • 작은 수첩

재료 선정 팁

• 연력은 1년의 흐름을 한눈에 담기에 좋은 도구예요. 칸이 작아서 숫자나 기호로 채우기 적합해요.

• 숫자를 기록하고 트래킹할 수 있는 작은 수첩을 하나 마련하는 것도 좋아요.

기록하는 법

1. 숫자로 오늘을 남겨보기

걸음 수, 마신 물, 읽은 책 페이지, 수면 시간 등 무엇이든 좋아요. 오늘 나의 하루를 숫자로 남겨보세요.

2. 가끔씩 쌓인 숫자 살펴보기	차곡차곡 쌓인 숫자들을 보면 '아무것도 하지 않은 게 아니구나' 하고 나를 다독이게 될 거예요.

포인트

흩어져 있을 때는 아무 의미 없어 보이던 숫자들도 꾸준히 남기면 어느새 나라는 사람의 궤적을 그려내고 있을 거예요.

NO. 015

내 세계의 해상도 높이기

#나를 키우는 단어들

생각을 말로 표현하는 게 왜 이렇게 어려울까요? 머릿속에서는 분명 수만 가지 생각이 둥둥 떠다니는데, 입 밖으로 꺼내려고만 하면 꼭 버퍼링이 걸려요. 제가 숨 쉬듯이 쓰는 말은 '그게…, 음…, 아니, 근데….' 혹은 '헐, 대박, 진짜?' 같은 감탄사뿐이더라고요.

어제는 친구가 "마음이 납작해진 기분이야"라고 말하는데, 순간 멍해졌어요. 어떻게 마음을 저렇게 표현할 수 있는지 신기했거든요. 저는 기껏해야 "우울해, 기분이 별로야"가 다인 데 말이에요.

유튜브로 말 잘하는 법에 대한 영상도 찾아봤는데 막상 현실에선 큰 도움이 안 되더라고요. 매일 똑같은 말만 반복하는 앵무새가 된 기분입니다. 저도 제 마음을 찰떡같이 표현하고 싶어요.

_생각을 잘 표현하고 싶은 W

한때 뜨거웠던 문해력 논란을 기억하시나요? '심심한 사과', '사흘', '중식' 같은 단어들 말이에요. 한 웹툰 작가의 사인회 취소 사과문에 적힌 '심심(甚深)한 사과'라는 표현을 보고 '난 하나도 안 심심한데 왜 장난치냐'며 화를 낸 댓글부터, 3일을 뜻하는 '사흘'을 4일로 오해해 기사에 항의가 빗발쳤던 일, 가정통신문의 '중식(中食) 제공'을 중국 요리로 착각해 항의 전화가 왔다는 웃지 못할 에피소드가 있었죠.

이런 일을 보며 놀라기도 했지만, 생각할수록 마냥 남의 일 같지만은 않더라고요. 저 또한 제가 쓴 문장이 어색하진 않은지, 단어의 뜻을 정확히 알고 쓴 게 맞는지, 갖춤법이 틀리진 않았는지 글을 쓸 때마다 마음을 졸이곤 하거든요.

말과 글에 대한 고민이 깊어질 때면, 《새로운 단어를 찾습니다》라는 책을 떠올려요. 일본의 국어사전을 만든 두 사람에 관한 이야기인데, 각자 사전을 만들어가는 방식이 달라서 읽는 내내 흥미로웠거든요.

사전에 현대어를 적극적으로 반영하려 했던 겐보 선생과 단어의 내면을 끝까지 파고드는 뜻풀이로 유명한 야마다 선생. 두 사람은 마치 MBTI로 치면 T와 F, 전공으로 치면 이과와

문과처럼 완전히 다른 결을 지닌 이들이었어요. 예를 들어 연애라는 단어만 봐도 차이가 선명해요.

연애: 그리워할 연(戀) + 사랑 애(愛)

특정한 이성에게 특별한 애정을 품고 둘만이 함께 있고 싶으며 가능하다면 합체하고 싶지만, 그것이 이뤄지지 않아 무척 마음이 괴로운(또는 가끔 이루어져 환희하는) 상태.

_《신메이카이 국어사전》 제3판

남녀 사이의 그리워하는 애정(남녀 사이에 그리워하는 애정이 작용하는 것). 사랑(恋).

_《산세이도 국어사전》 제3판

같은 단어를 두고도 이렇게나 다르게 해석할 수 있다니. 꽤나 충격이었어요. '사랑'이라는 단어의 의미가 무엇이냐 묻는다면 뭐라고 답할 수 있을까 고민하게 됐죠. 쉽게 대답하지 못하고 머뭇거리는 제 모습을 보며 이 말이 떠올랐어요.

내 언어의 한계는 곧 내 세계의 한계다.

_비트겐슈타인

가령 '그리움'을 사랑의 본질로 이해하는 사람은, 눈에 보이지 않는 시간조차 관계를 지탱하는 힘으로 삼을 거예요. 반면 '강렬한 끌림'이나 '스킨십'을 사랑의 척도로 여기는 사람이라면 지금 당장의 현실적인 교감을 무엇보다 중요하게 여기겠죠.

의미의 무게중심을 어디에 두느냐에 따라 관계의 방식은 물론 삶의 태도까지 달라진다 생각하니, 그제야 '언어의 한계'라는 말이 피부로 와닿더라고요. 같은 단어라도 어떻게 이해하고 어떤 의미를 부여하느냐에 따라, 내가 발 딛고 선 세계의 풍경이 완전히 달라진다는 뜻이었죠.

나를 키우는 단어들

단어의 뿌리를 이해하고 나만의 의미를 더할수록, 세상을 더 깊게 경험할 수 있겠더라고요. 그래서 작은 노트를 하나 마련해 '나를 키우는 단어들'이라는 이름을 붙였습니다. 이미 알고 있던 말인데 생경하게 느껴질 때, 혹은 제대로 된 뜻을 알고 싶은 단어를 만날 때마다 차곡차곡 적어두었어요.

한번은 날씨가 좋아서 산책하러 나갔는데, 문득 산책이라는 단어의 의미가 뭔지 궁금하더라고요. 가볍게 걷는 운동 정도로만 생각했는데 글자 속에 숨은 뜻은 훨씬 깊었습니다.

산책: 흩을 산(散) + 꾀 책(策)

- 사전적 의미: 휴식을 취하거나 건강을 위해서 천천히 걷는 일
- 散(산) → 흩어지다, 풀어지다
- 策(책) → 꾀하다, 도모하다, 궁리하다

'산'은 흩어지다, '책'은 궁리하다는 뜻을 품고 있었어요. 산책은 마음속 단단히 뭉쳐 있던 생각이나 고민을 걸음 속에 흩어내고(散), 맑아진 머리로 삶의 묘책을 다시 꾀하는(策) 과정이었죠. 어쩐지 걷고 나면 복잡했던 머릿속이 개운해지더라니. 내 마음을 짓누르던 것들이 걸음마다 흩어졌기 때문이었나 봅니다. 이렇게 산책을 시작으로, 다른 단어들의 속사정도 궁금해졌어요.

회고: 돌아올 회(回) + 돌아볼 고(顧)

- 사전적 의미: 뒤를 돌아봄. 지나간 일을 돌이켜 생각함
- 回(회) → 돌다, 돌아오다, 횟수
- 顧(고) → 돌아보다, 돌보다, 마음에 두다

'회'는 제자리로 돌아오다, '고'는 정성껏 돌보다라는 뜻이에요. 단순히 지난 일에 점수 매기고 반성하는 시간인 줄 알았는데, 정신없이 달리느라 놓쳤던 시간을 다정히 보살피고(顧), 내가 가려던 본래의 자리로 다시 돌아오는(回) 과정이었더라고요. 세상에 휩쓸려 잠시 길을 잃었더라도 기록을 나침반 삼아 나를 다시 본래의 자리로 데려다놓는 일. 이날 이후로 제게 회고의 시간은 길 잃은 나를 데리러 가는 '가장 다정한 마중'이 되었습니다.

바쁘다: 바쁠 망(忙)

- 사전적 의미: 일이 많거나 급해서 분주하고 겨를이 없다.
- 心(마음 심) → 마음, 생각
- 亡(망할 망) → 망하다, 도망가다, 잃다

바쁘다는 뜻의 한자어를 검색하고는 등골이 서늘했어요. 입버릇처럼 "바빠 죽겠어"라고 말하고 다녔는데, 그게 사실은 "나 지금 마음이 죽어가고 있어!"라는 비명이었다니요. 그 뜻을 알고 나니, 바쁘다는 말을 함부로 내뱉을 수 없었어요. 단순히 시간이 없는 게 아니라 내 소중한 마음을 잃고 있다는 걸 깨닫게 되었으니까요. 바쁘다는 말이 나도 모르게 튀어나올 때마다 스스로 묻습니다. '요즘 마음 잃어가고 있는 거 알지?'

《어른답게 말합니다》라는 책에서 강원국 작가는 "말은 마음의 알갱이"라고 했어요. 말을 길게 늘여 발음하면 '마-알'이 되는데, 그게 곧 '마음의 알갱이'라는 뜻이라고요. 말을 할 때마다 입에서 마음의 알갱이가 후두둑 하고 쏟아지는 상상을 해봤습니다. 그 알갱이들이 허공으로 흩어지는 게 아니라, 내 발 밑에 차곡차곡 쌓여 내가 딛고 설 세상을 만든다고 생각하니 정신이 번쩍 들더군요. 내가 하는 말이 곧 '나'라는 사람의 질감이자, 내가 발 딛고 사는 '세계의 한계'가 되는 셈이니까요.

기왕이면 마음의 알갱이들이 납작하지 않고 통통하게 부풀어 있는 모양이면 좋겠어요. 마치 저마다의 가능성을 품고 있는 씨앗처럼요. 나의 세계가 이전보다 더욱 넓어지고 깊어지길 바라며, 앞으로도 부지런히 나를 키우는 단어들을 주워 담으려고 합니다.

W 님의 마음에도 통통하게 부푼 말의 씨앗들이 툭, 하고 떨어져 내리길, 그 씨앗들이 저마다의 가능성을 품고 싹을 틔워, 언젠가 마주할 W 님의 세계가 지금보다 더 넓고 아름다운 숲이 되기를 진심으로 응원할게요.

'나를 키우는 단어들' 레시피

재료

• 단어의 자리 노트 • 스테들러 피그먼트 라이너 1.2㎜

재료 선정 팁

• 단어의 자리 노트는 말 그대로 '단어의, 단어에 의한, 단어를 위한' 노트예요. 600개의 단어를 모을 수 있고, 단어를 둘러싼 감정과 이미지를 그릴 수 있는 공간도 있어요.

• 스테들러 피그먼트 라이너는 펜촉이 두툼해서 신문의 헤드라인처럼 단어를 강조해서 쓰기 좋아요.

기록하는 법

1. 단어 수집하기 • 일상에서 내 마음을 건드린 단어나 표현을 찾아보세요.

- 처음 듣는 단어, 익숙하지만 오늘따라 낯설게 느껴지는 단어 등 무엇이든 좋습니다.

2. 의미 찾아보기

- 노트에 단어와 사전적 의미, 관련 예문 등을 적어보세요.
- 한자나 영어 어원을 찾아보면 단어의 뿌리를 더 깊이 이해할 수 있어요.

3. 나만의 언어로 재정의하기

- 수집한 단어를 나만의 언어로 다시 정의해봅니다. 예로, '바쁘다'는 '마음을 잃는 중이다'처럼요.
- 오늘 수집한 단어를 인스타그램, 일기, 대화 속에 직접 사용해보세요. 입 밖으로 꺼내어 말하고 문장으로 쓸 때, 비로소 내 마음의 알갱이가 됩니다.

포인트

단어의 의미를 찾아보고 다시 정의하는 일이 처음엔 조금 낯설고 어려울 수 있어요. 하지만 단어 속에서 나만의 의미를 발견하고 그 의미가 일상 속에서 문득 떠오르는 순간, 나의 시야가 조금 더 넓어졌다는 걸 깨닫게 될 거예요. 더 넓어질 세계를 기대하는 마음으로 나만의 사전을 천천히 채워가보세요.

NO. 016

생각도 숙성이 필요합니다

#영감 수집

저는 공부를 하든 일을 하든, 항상 '아웃풋'이 잘 나오지 않는다는 느낌을 받아요. 뭐든 결과물이 있어야 성취감도 있고, 하고 싶은 마음도 생기잖아요. 인풋이 부족한가 싶어서 유익한 강의나 영상을 볼 때 그대로 받아 적기도 했었어요. 한 시간짜리 강의를 세 시간 동안 들으면서 필기한 적도 있고요.

아이러니한 건, 노트는 빽빽한데 머릿속은 오히려 텅 빈 느낌이라는 점이에요. 시간만 들이고 비효율적인 것 같아서 옮겨 적는 일도 이제는 거의 하지 않고 있습니다. 어떻게 좋은 아웃풋을 낼 수 있을까요?

_효율적인 아웃풋이 필요한 F

무언가 적는 행위 자체가 주는 안도감이 있어요. 듣기만 하면 중요한 내용을 기억하지 못할 것 같아서 불안하잖아요. 언젠가 필요할 때 다시 꺼내보기도 해야 하는데 말이에요. '나는 지금 열심히 하고 있어'라는 증거 같은 것이기도 하고요. 빼곡한 필기를 보면 뭔가 해냈다는 느낌이 드니까요.

저도 그런 시절이 있었답니다. 아웃풋을 내기 위해서 이것저것 수집하고 기록하고 많이 봤죠. 그러다 지칠 때쯤 우연히 기억과 망각에 대한 영상을 보게 됐어요. 이 영상에 나오는 뇌의 특성을 이해하고 나니, 채우는 것보다 오히려 생각을 비우는 작업이 중요하다는 생각이 들더라고요.

아침에 마신 커피 종류, 지나가면서 본 간판 글자, 누군가와 나눈 시시콜콜한 대화, 스쳐 지나간 뉴스 기사까지. 종일 우리한테 쏟아지는 정보의 양이 어마어마하잖아요. 만약 뇌가 이 모든 걸 똑같은 비중으로 저장한다면요? 마치 발 디딜 틈 없이 물건들로 들어찬 창고처럼 포화 상태가 돼서, 정작 필요한 걸 꺼낼 수도 없고 새로운 걸 들일 공간도 없을 거예요.

그래서 뇌는 스스로 정리를 한대요. 굳이 남겨두지 않아도 될 것들은 조용히 밀어내고 지금의 나에게 중요한 것만 남기는 방식으로요. 그 과정을 우리는 보통 '망각'이라고 부르지만, 영상에서는 그걸 실패나 퇴화가 아니라 아주 자연스러운 기능이라고 했어요. 필요 없는 기억을 비워내지 않으면, 정작 중요한 것들을 떠올릴 수 없게 되기 때문이라고요.

무엇이든 기록하고 머리에 집어넣으려는 습관이 오히려 뇌를 지치게 만들고, 생각이 자랄 공간을 없애고 있었다니. 그럼 무엇을 어떻게 담아야 내가 원하는 아웃풋이 나올 수 있을까요?

《생각의 도약》을 쓴 도야마 시게히코는 불필요한 것은 잊고 필요한 것은 남겨두는 방법, 평생 아이디어가 마르지 않았던 비결을 이렇게 정리했어요. "생각을 자꾸 이사시켜라." 마치 콩을 삶아 메주를 띄우고, 다시 항아리에 옮겨 담아야 깊은 맛의 장이 되는 것처럼 말이죠.

책에서는 생각을 이사시키는 방법으로 3단계의 기록법을 소개했는데, 각 단계가 단순한 게 특징이에요.

1단계 콩 줍기: 수첩에 생각 담기

가장 먼저 필요한 건 언제 어디서든 바로 꺼낼 수 있는 작은 수첩입니다. 이곳은 바구니예요. 길을 걷다 떠오른 생각, 스쳐 지나간 정보들을 툭툭 주워 담으면 됩니다. 예를 들면 이런 식이죠. ① 요즘 손글씨 노트가 예뻐 보임. ② 사주가 유행이라던데? ③ 필사를 돕는 새로운 책이 나왔네.

이 단계의 핵심은 '판단하지 않는 것'이에요. 밭에서 막 수확한 작물에 흙이 묻어 있듯, 정제되지 않은 날것 그대로도 괜찮아요.

2단계 메주 쑤기: 선별하고 발전시키는 노트

이제 밭에서 주워 온 콩들을 부엌으로 가져와 다듬을 차례입니다. 시간이 날 때 수첩을 펼쳐놓고, 그중에서 유독 눈길이 가거나 더 발전시키고 싶은 알짜배기만 골라 큰 노트에 옮겨 적는 거예요.

저는 ①번(손글씨)과 ③번(필사책)을 옮겨 적으면서 생각에 살을 덧붙였어요. 콩을 삶고 으깨어 메주 모양을 잡듯, 생각의 덩어리를 만드는 본격적인 숙성의 준비 과정이죠.

3단계 항아리에 담기: 서로 섞이고 익어가는 메타노트

마지막은 잘 뜬 메주를 항아리에 담아 기다리는 시간입니다. 필요 없어진 것은 과감히 버리고, 여전히 변치 않는 것과 더 발전시키고 싶은 것을 정리하는 단계예요.

이 단계에서는 서로 다른 시기에 적었던 생각들이 자연스럽게 연결되는 경우가 많아요. 아까 골라둔 ①번과 ③번을 섞어 '필사할 때 손글씨 마음에 들게 쓰는 법'이라는 콘텐츠를 만들어보면 어떨까요? 이렇듯 단편적인 메모들이 비로소 하나의 결과물로 완성되는 순간입니다.

저자는 이 3단계의 기록을 하는 동안 생각의 도약이 이루어진다고 말해요. 메주를 항아리에 옮겨 담듯, 생각 또한 옮겨 적는 과정에서 의식적인 선택과 배열을 거치며 비로소 숙성된다고요. 머릿속에만 두면 사라질 생각들이 종이 위로 옮겨지고, 다듬어지는 과정을 통해 관계를 맺고 형태를 바꿔나가는 거죠.

사실 저는 저자가 말한 3단계를 매번 지키진 못해요. 바쁜 일상 속에서 노트를 세 번이나 옮겨 적는 건 쉬운 일이 아니니까요. 대신 저는 '1단계: 콩 줍기'를 부지런히 합니다. 손바닥만 한 수첩을 늘 가방에 넣고 다니다가 '어?' 하는 생각이 들면 무조건 적고 있어요. 재미있는 건 이렇게 재료만 꼬박꼬박 모아둬도 뇌가 알아서 숙성을 시작한다는 거예요.

심심할 때 수첩을 들춰보면 예전에 적어둔 엉뚱한 메모 한 줄이 지금 나의 고민과 만나 "유레카!"를 외치는 순간이 있어요. 이미 실행에 옮긴 것들도 있고요. 그때가 바로 생각이 맛있게 익은 순간입니다. 1단계만 충실히 해도 우리 뇌는 그 재료들을 무의식중에 계속 요리할 거예요.

기록을 하면서도 빠뜨린 건 없는지, 정리는 언제 할지, 이게 과연 쓸모가 있을지 고민하던 시절이 있었어요. 지금은 잘 정리하는 것보다 일단 줍는 걸 더 중요하게 생각하는 사람이 되었고요. 생각은 원래 그렇게 천천히 익는 거라고 믿어보기로 했거든요.

그래서 저는 오늘도 가방에 작은 수첩 하나 넣고 집을 나섭니다. 세상에는 내가 아직 발견하지 못한 싱싱한 생각들이 가득하니까요.

F 님, 날씨도 좋은데 저랑 같이 콩 주우러 가실래요?

'영감 수집' 레시피

재료

• 미도리 MD 노트 A7 • 제브라 미니볼펜

재료 선정 팁

• 손바닥에 쏙 들어오는 노트는 기동성이 생명인 '콩 줍기'에 최적화된 크기예요. 영감이 보이면 바로 낚아챌 수 있도록 늘 곁에 두세요.

• 제브라 미니볼펜은 평소엔 앙증맞은 크기이지만, 위아래로 당기면 쑥 길어지는 반전 매력이 있는 펜이에요. 작은 수첩과 세트처럼 어울려 휴대하기에도, 기록의 재미를 더하기에도 제격입니다.

기록하는 법

1. 수첩 준비하기

• 언제 어디서든 꺼낼 수 있는 작은 수첩을 준비하세요.

• 가방, 주머니, 침대 옆 등 항상 손 닿는 곳에 두세요.

2. 콩 줍기 **(떠오르는 즉시 적기)**	• '어?' 싶은 생각이 들면 일단 적으세요. • 완벽한 문장이 아니어도 괜찮아요. 단어, 낙서, 그림, 다 좋아요.
3. 콩 고르기 **(심심할 때 들춰보기)**	일주일에 한 번 정도 수첩을 넘겨보세요. '이거 아직도 재미있네?' 싶은 게 있나요? 그게 바로 살아남은 알짜배기 콩이에요.
4. 요리하기 **(연결하고 실행하기)**	• 예전에 남겨둔 메모와 지금의 고민이 딱! 연결되는 순간이 와요. 그때가 바로 생각이 맛있게 숙성된 타이밍이에요. • 여유가 된다면 2, 3단계의 노트에 옮겨적으며 생각에 살을 붙이거나 바로 실행에 옮겨보세요.

포인트

'이게 정말 쓸모가 있을까?' 하고 고민하지 마세요. 일단 적으세요. 쓸모없으면 뇌가 알아서 잊어버리니까요.

NO. 017

버킷리스트가
부담스러운 당신에게

#A List Of Things

버킷리스트를 적는 걸 정말 좋아합니다. 상상하는 것만으로도 설레고, 리스트를 채워나가는 과정 자체가 즐겁거든요. '서른 살 전에 제주도 한 달 살기', '피아노 배우기', '혼자 해외여행 가기' 같은 것들을 적어 내려갈 때면, 마치 이미 반쯤은 이룬 것 같은 기분이 들기도 해요.
그런데 막상 몇 년이 지나 다시 펼치면, 이룬 게 거의 없더라고요. 그때마다 조금 우울해져요. 매년 설레는 마음으로 적고, 실망하는 패턴이 반복되고 있어요. 버킷리스트를 안 쓰자니 아쉽고, 쓰면 우울해져서 고민이에요.

_설렘과 실망 사이에서 갈팡질팡하는 T

'죽기 전에 꼭 해보고 싶은 일 100가지' 버킷리스트를 쓰는 게 유행이던 시절이 있었어요. 갖고 싶은 것(Have), 하고 싶은 것(Do), 되고 싶은 것(Be)으로 카테고리를 나눠 쓰면 이루어진다고 해서 다이어리 앞장에 채워 넣었던 기억이 나요. '바닷가가 보이는 곳에 집 사기', '세계 여행하기', '내 이름으로 된 책 내기' 같은 것들이요.

T 님이 말씀하신 것처럼 쓸 때는 정말 설레요. 쓰기만 했을 뿐인데 이미 절반쯤은 해낸 것 같은 기분이 들잖아요. 언젠가 정말 이뤄질 것 같고요. 하지만 시간이 지나 다시 펼쳐보면, 이루지 못한 항목이 훨씬 더 많다는 사실을 마주하게 됩니다. 설렘을 주던 리스트가 슬며시 부담으로 바뀌는 순간이죠.

그래서 저는 요즘 버킷리스트를 앞으로 이루고 싶은 것들의 목록이 아니라, 언제든 넣었다 뺄 수 있는 마음의 장바구니쯤으로 생각합니다. '어? 이거 예쁘네' 하고 툭 담아두는 것처럼 취향과 로망을 가볍게 모아두는 용도로 쓰고 있어요.

이렇게 원대한 목표 대신 가장 '나다운 이야기'로 리스트를 채웠던 유명인들이 있는데요. 아주 상반된 매력을 지닌 두 사람의 리스트를 소개해드릴게요.

생활의 중력을 만들어준 귀여운 리스트

미국의 전설적인 싱어송라이터 조니 캐시를 아시나요? 엘비스 프레슬리와 함께 활동했던 거장이자 늘 검은 옷을 입고 다녀 '맨 인 블랙'이라고 불렸던 카리스마의 아이콘입니다. 한마디로 당대 최고의 '멋진 형님'이었죠. 그런 그가 친필로 남긴 '할 일 목록'이 경매에 나와 화제에 오른 적이 있었어요. 전설적인 스타의 할 일 목록에는 어떤 내용이 적혀 있었을까요?

새 앨범 녹음하기, 하루 세 시간 보컬 연습하기, 콘서트 준비하기 같은 할 일들이 빼곡하게 적혀 있을 것 같아요. 그런데 2010년 줄리앙 옥션에 출품되어 무려 6,400달러(한화 약 900만 원)에 낙찰된 그의 리스트를 보면 눈을 의심하게 됩니다. 전설적인 가수의 기록이라기엔 너무나 평범하고, 심지어 엉뚱해 보이기까지 하거든요.

Johnny Cash's To Do List

1. Not smoke(담배 피우지 않기)
2. Kiss June(준에게 키스하기. '준'은 조니의 아내 이름)
3. Not kiss anyone else(다른 사람에게 키스하지 않기)
4. Cough(기침하기)

5. Pee(소변보기)

6. Eat(밥 먹기)

7. Not eat too much(너무 많이 먹지 않기)

8. Worry(걱정하기)

9. Go see Mama(엄마 보러 가기)

10. Practice piano(피아노 연습하기)

Notes: Don't write notes(메모: 메모하지 말 것)

누군가는 이 리스트를 보고 웃음을 터뜨릴지도 모릅니다. "천하의 스타가 고작 이런 걸 적어두고 지켰다고?"

하지만 이 리스트가 우리에게 던지는 메시지는 묵직해요. 화려한 조명을 받는 전설적인 가수의 삶을 지탱하는 건 제때 밥을 챙겨 먹고, 화장실을 가고, 아내에게 사랑을 표현하는, 지극히 작고 시시한 일상의 리스트였다는 사실이에요.

세상을 더 많이 이해하게 해주는 리스트

조니의 리스트가 우리의 두 발을 땅에 단단히 붙여주는 '생활의 중력' 같은 것이었다면, 그와 정반대로 끝없이 밖으로, 미지의 세계로 뻗어나가려는 리스트도 있어요. 바로 역사상 가장 위대한 천재로 불리는 레오나르도 다빈치의 노트예요.

다빈치는 장을 보러 나갔다가 문득 떠오르는 생각, 누군가와 대화를 나누다 생긴 의문을 기록하기 위해 허리춤에 늘 작은 수첩 하나를 매달고 다녔다고 해요.

- 밀라노와 그 교외 지역의 크기를 측정할 것
- 공작 궁전의 안뜰과 성벽의 치수를 알아낼 것
- 산술에 능한 사람에게서 삼각형의 면적 구하는 법을 배울 것
- 수도사에게 역학에 관한 책을 보여달라고 요청할 것
- 포격 전문가에게 성벽을 쌓는 방법을 물어볼 것
- 상인에게 '사람들이 얼음 위를 어떻게 걷는지' 물어볼 것
- 밀라노를 그릴 것
- 딱따구리의 혀 모양이 어떻게 생겼는지 묘사할 것

어떤가요. 조니의 리스트가 '오늘을 무사히 살아내기 위한 것'이었다면, 다빈치의 리스트는 '세상을 더 많이 이해하기 위한 것'에 가까워 보입니다. 흥미로운 건 이 리스트의 상당수가 끝내 미완성으로 남았다는 거예요.

우리는 보통 리스트에 적힌 항목을 하나씩 지우고 해결해야 마음이 놓이잖아요. 완료했다는 체크 표시가 늘어날수록 부지런한 인생을 산 것만 같고, 지우지 못한 리스트가 많으면 실패한 인생처럼 느껴지죠. 하지만 다빈치의 노트를 보며 "이 리스트에 있는 것들을 다 하지 못하고 생을 마감했으니 실패한 인생이네"라고 말할 사람은 아무도 없을 거예요. 오히려 다빈치의 노트는 한 인간의 지성이 어디까지 닿으려 했는지 보여주는 '가능성의 증거'에 가깝죠.

두 사람의 리스트는 모양도, 방향드 전혀 다르지만 결국 같은 이야기를 하고 있어요. 리스트는 반드시 지켜내야만 하는 약속이나 성취를 증명하기 위한 도구가 아니라는 것. 때로는 오늘을 버텨내기 위해, 때로는 내 안의 호기심을 붙들기 위해, 지금의 나를 살피고 앞으로의 나를 열어두기 위해 무언가를 적어도 얼마든지 괜찮다는 것.

그러니 이제, 반드시 이뤄야 할 것만 같은 리스트는 잠시 내려놓는 게 어떨까요. 대신 내 일상을 이루는 사소한 것들을 채집하는 가벼운 'A List Of Things'를 시작해보는 거예요. 눈에 보이는 물건부터 보이지 않는 기븐까지, 나의 세계를 이루는 '모든 것(Things)'이 기록의 재료가 될 수 있어요.

어떤 리스트를 쓰면 좋을지 막막해할 것 같아서 준비했습니다. T 님의 세계를 수집할 수 있는 30가지 주제를요. 끌리는 주제가 있다면 그것부터, 없다면 이 목록을 힌트 삼아 나만의 주제를 만드는 것도 좋겠어요.

1. 나를 기분 좋게 만드는 사소한 순간들(예: 갓 구운 빵 냄새, 택배 도착 알림)
2. 생업과 상관없이 그냥 재미로 배워보고 싶은 기술들(예: 수영, 프랑스어, 목공)
3. 세상에 대한, 엉뚱하거나 사소한 호기심들(다빈치처럼!)
4. 나를 잘 데리고 살기 위한 기분 전환 매뉴얼
5. 내가 수집하고 싶은 예쁜 단어들
6. 스트레스를 받을 때 나를 위로하는 구체적인 방법들
7. 지금 내 가방(혹은 파우치)에 들어 있는 잡동사니 리스트
8. 한도 없는 카드가 생긴다면 사고 싶은 물건들
9. 지도를 보며 괜히 설레는, 언젠가 가고 싶은 장소
10. 내 인생의 BGM이 되어줄 노래들
11. 내가 닮고 싶은 분위기를 가진 사람들
12. 냉장고에 없으면 불안한 나만의 필수 식량
13. 나를 위해 만들어가고 싶은 습관
14. 비 오는 날(혹은 눈 오는 날) 하면 기분 좋은 일

15. 타인에게 듣고 싶은 따뜻한 말 한마디
16. 내 방에서 지금 당장 비워내도 좋은 물건들
17. 사랑하는 사람과 함께 하고 싶은 일들
18. 나만 알고 싶은 맛집이나 카페, 아지트
19. 세상에서 사라졌으면 하는 불편한 것들
20. 내 집을 갖게 된다면 두고 싶은 가구와 소품
21. 어린 시절부터 지금까지 변하지 않은 나의 취향
22. 지금 내 머릿속을 맴도는 고민들
23. 계절마다 꼭 챙겨야 하는 나만의 제철 행복
24. 인생을 살면서 한 번쯤 시도해보고 싶은 일들
25. 소중한 사람에게 추천하고 싶은 책
26. 나만의 작은 사치
27. 회사 쉬는 날에 하고 싶은 일
28. 내 묘비명에 적히길 바라는 문장 후보
29. 내가 생각하는 완벽한 하루의 모습
30. 지금, 이 순간 내 곁에 있는 감사한 것들

이 목록은 내가 무엇에 마음을 내어주고 있는지를 살피기 위한 기록이에요. 그러니 항목의 개수를 채우거나 무언가 이뤄야 할 것 같은 부담은 내려놓고, 그 어떤 기록보다 가벼운 마음으로 끄적여보면 좋겠어요.

마지막으로, 리스트의 미학을 꿰뚫은 움베르토 에코의 말을 덧붙이고 싶어요. 그는 《궁극의 리스트》에서 목록이란 무언가를 완성하기 위한 도구가 아니라, 끝없이 넓은 세계 앞에서 우리가 길을 잃지 않기 위해 잠시 붙잡아두는 '작은 질서'라고 말했어요.

세상은 너무나 크고 복잡해서 우리는 결코 모든 것을 다 알 수 없죠. 그래서 '리스트'라는 울타리를 치는 거예요. 잠시나마 그 복잡함에 작은 질서를 만들어보려는, 아주 인간적인 시도인 거죠. 그래서 리스트는 본질적으로 끝날 수 없고, 미완성으로 남는 게 어쩌면 당연한 일일지도 몰라요.

그러니 설렘이 남아 있어도, 남아 있지 않아도 괜찮아요. 못 이룬 일이 가득해도 상관없어요. 그 리스트는 나를 증명하기 위한 기록이 아니라, 그 시절의 내 마음이 무엇을 바라보고 있었는지를 남겨둔 흔적이니까요. 그걸로도 충분해요.

'A List Of Things' 레시피

재료

마욜린 델하스 A List Of Things 노트

재료 선정 팁

A List Of Things 노트는 세로로 길쭉한 판형의 노트예요. 상단에는 제목을 쓸 수 있는 공간이, 그 밑으로는 체크박스와 라인이 그려져 있어 항목을 써 내려가며 정리하기 좋습니다.

기록하는 법

1. 리스트를 위한 리스트(List of lists) 만들기

노트의 맨 첫 장에는 기록하고 싶은 주제들을 적어 보세요. 일종의 '목차'를 만드는 거죠. 예로, ① 좋아하는 빵집, ② 가보고 싶은 여행지, ③ 기분 좋아지는 단어 같은 것들이요.

2. 리스트 주제 고르기

다음 장 노트 맨 윗줄에 위의 주제 중 하나를 골라 쓰세요.

3. 주제에 맞는 목록 써보기

주제를 보고 떠오르는 것들을 장바구니에 담듯 가볍게 적어보세요. 그저 내가 좋아하는 것들, 지금 내 마음이 머무는 것들로 리스트를 가득 채워보는 거예요.

-예: 웨이메이커 감사 다이어리, 빵페이장 치아바타

포인트

이 노트의 핵심은 '한 페이지에 한 주제씩(1 Page, 1 Topic)'이에요. 한 페이지에 여러 주제를 섞지 말고, 다음 장으로 넘겨 새로운 주제를 적어보세요. 한 장씩 채우다 보면 이 노트는 내 취향의 장바구니가 될 거예요.

NO. 018

흑백 일상이 컬러로 바뀌는 순간

#모먼트 로그

퇴근 후 브이로그를 보는 게 유일한 낙인 직장인입니다. 저와 비슷한 직업이나 생활 패턴을 가진 분들의 일상을 보면서 배울 점도 찾고, 동기부여도 받아요.

보는 동안은 좋은데, 영상을 끄고 나면 묘한 기분이 듭니다. 사실 제가 보내는 하루도 그들과 별반 다르지 않거든요. 똑같이 일어나서 출근하고 일하고 밥 먹고 운동하는 루틴인데…. 왜 그들의 일상은 특별해 보이고, 제 하루는 단조롭고 칙칙하게만 느껴질까요?

_하루가 흑백사진 같은 O

지금 저는 치앙마이에 있어요. 여행 오기 전 친구가 입이 마르도록 이곳을 찬양해서 기대가 정말 컸답니다. 하지만 막상 와보니 처음 며칠은 이곳이 왜 그리 좋은지 도통 모르겠더라고요. 엄마를 모시고 온 여행이라 길을 잃지 않으려고 지도 앱에 코를 박고 걸어서 그랬나 봐요. 치앙마이의 다정한 풍경들이 제 눈에 들어올 리가 없었지요.

여행 6일 차, 잠깐 혼자만의 시간을 갖고 싶어 숙소를 나섰습니다. 목적 없는 산책을 시작했어요. 차가 다니는 큰길을 지나 골목으로 들어서는데, 이전과는 다른 세계가 눈앞에 펼쳐지는 것 같았어요. 새파란 하늘을 배경으로 하늘거리는 나뭇잎, 끼익 소리를 내며 흔들리는 그네에 앉아 무언가에 열중한 꼬마, 가벼운 발걸음의 할아버지와 저를 가만히 바라보던 강아지의 눈빛까지….

치앙마이 사람들의 평범한 일상이었는데, 처음 보는 장면처럼 모든 게 새롭게 다가왔어요. 똑같은 거리를 걸어도 내가 어떤 감각을 열어두느냐에 따라 보이는 게 이렇게나 달라질 수 있구나 싶더라고요. 어디에 있는지보다 '어떤 감각을 열어두고 있는지'가 훨씬 중요하다는 걸 깨달은 하루였어요.

치앙마이에서 얻은 이 생생한 감각을 한국의 일상에서도 이어가고 싶었습니다. 익숙해질 대로 익숙해진 일상을 여행자의 시선으로 바라보고 싶었거든요. 여행지에서는 오감을 깨우는 게 비교적 쉽잖아요. 낯선 장소에 있다는 사실만으로도 몸의 감각이 섬세하게 반응하니까요. 하지만 매번 여행을 떠날 수는 없기에, 제가 머무는 자리에서 오감을 깨우는 연습을 시작하기로 했어요.

순간을 남기려는 마음

감각을 깨우는 방법은 생각보다 가까운 곳에 있었어요. 바로 O 님이 즐겨 보신다는 브이로그 속에요. 영상 속 유튜버들의 일상이 유독 특별하게 느껴지는 이유는 '순간을 남기려는 마음'에 있더라고요.

우리는 보통 점심을 먹을 때 메뉴가 뭔지, 맛은 어떤지에만 집중하죠. 하지만 브이로거들은 공깃밥에서 폴폴 피어오르는 김, 보글보글 끓는 찌개 소리, 창가로 쨍하게 스며드는 햇살 같은 찰나를 그냥 흘려보내지 않아요. 기록하려는 의도가 잠들어 있던 감각을 깨우는 거예요. 저도 일상의 어떤 순간을 브이로그처럼 생생하게 남겨보고 싶어졌어요. 영상 대신, 사진과 글로요.

무심코 지나칠 뻔한 순간들을 의식적으로 붙잡아두는 기록이라는 의미에서 '모먼트 로그'라는 이름을 지었답니다. 버스 정류장 의자에서, 주문한 커피가 완성되길 기다리는 픽업존 앞에서, 친구와 만나기로 한 약속 장소에 서 있는 그 잠깐의 사이. 스마트폰을 꺼내 들거나 멍하니 흘려보내기 쉬운 그런 순간에 기록하기로 했어요. 일부러 시간을 내는 게 아니라, 일상의 틈을 활용해 의식적으로 시선을 돌려보니 무뎌져 있던 감각이 하나둘 깨어나는 느낌이 들더라고요.

2025년 12월 3일 수요일 오후 7:15

'대치동 행복도서관, 강연이 시작할 시간을 기다리며'

귀가 떨어질 것처럼 추운 날이었다. 멋을 내겠다고 얇은 코트를 입고 나왔더니 얼어죽는 줄 알았다. 자동문이 열리자마자 훅 끼쳐오는 훈훈한 공기. 꽁꽁 얼어 감각이 없던 양 볼을 따뜻한 공기가 부드럽게 감싸안는다. 마치 얼음장 같던 몸이 사르르 녹아내리는 기분, 찌릿찌릿하게 혈액순환이 되는 이 느낌이 묘하게 좋다.

밖은 바람 소리로 요란했는데, 문 하나를 사이에 두고 이곳은 딴 세상처럼 고요하다. 가끔 들려오는 '사락' 책 넘기는 소리, '사각사각' 무언가를 열심히 써 내려가는 펜촉 소리. 강연장에 하나둘 들어서는 분들을 보는데 엄마 나이대의 분들이 많이 오셨다. 문득 시골에 살고 계신 엄마 생각이 났다. 엄마도 집 근처에 이런 도서관이 있었다면 매일 오셨을 것 같은데.

그저 '도서관에 도착해서 대기했다'는 한 줄로 끝날 뻔한 짧은 순간이었는데, 그 안에 이렇게 많은 장면이 숨어 있었어요. 공기의 온도, 소리, 엄마에 대한 그리움까지.

순간은 금방 지나가 버리기 때문에 그 자리에서 바로 기록하는 게 중요하더라고요. 그래서 '데이원(Day One)'이라는 앱을 활용하고 있어요. 사실 이 앱은 훨씬 오래 전부터 써왔는데, 처음엔 그저 할 일이나 감정을 적는 평범한 일기장이었거든요. 일상을 여행자의 눈으로 바라보기로 마음먹은 뒤부터는 용도를 완전히 바꿨습니다. 나를 스쳐 가는 감각들을 포착하는 모먼트 로그 전용 공간으로요.

앱을 터치해서 들어가면 날짜와 요일, 기록 내용, 사진 순으로 정렬된 미리 보기 페이지가 뜨는데요. 이 목록이 하나씩 늘어갈 때마다 '내 일상에 이렇게 영화 같은 순간이 많았네!' 하는 생각에 뿌듯함이 밀려옵니다. 유튜브에 브이로그 영상이 쌓이듯, 나만의 감각 일지가 오감 아카이브에 한 장씩 채워지는 기분이에요.

오늘의 설렘은 어디에 있을까

모먼트 로그의 제목은 'OO를 기다리며'라고 붙였어요. '지하철을 기다리며', '주문한 커피를 기다리며', '퇴근을 기다리며'처럼요. 단지 틈새 시간을 기록했을 뿐인데, 칙칙했던 일상에 숨어 있던 색들이 보이기 시작하더라고요. 덕분에 '오늘은 어떤 순간을 발견하게 될까' 하는 설렘이 생겼답니다.

오늘 오후 4시에 이 책을 함께 만들고 있는 편집자님과 통화를 하기로 했어요. 그 전화를 기다리는 10분 사이에 모먼트 로그를 남겼는데, 마침 O 님을 생각하며 쓴 기록이라 보여드립니다.

2026년 1월 8일 목요일

'수영 님의 전화를 기다리며'

5분 있다가 수영 님과 통화를 하기로 해서 그사이 남겨보는 오늘의 모먼트 로그. 스타벅스에서 원고를 마무리하고 있는데 내 옆에 앉은 분도 키보드를 두들기고 있다. 저분도 글을 쓰시는 분인지 궁금. 방금 에스프레소 머신이 '쉬익' 소리를 내며 증기를 뿜어냈다. 재즈 가수인 쳇 베이커의 〈My Foolish Heart〉가 흘러나오는데 절묘하게 어울린다. 정면에 있는 분은 태블릿에 뭔가를 그리고 있다. 일러스트레이터인가? 다들 각자의 하루를 살고 있구나.

사연의 주인공인 O 님은 지금 어디서 어떤 시간을 보내고 있을까? 퇴근을 기다리며 오늘 먹을 저녁 메뉴를 고민하고 있을까? 아니면 연차라 쉬면서 브이로그를 보고 있는지도? 어디서 무얼하고 있든 틈새 시간에 반짝이는 순간을 발견하는 하루였으면 좋겠다. 그리고 꼭 말해주고 싶다. O 님이 보는 브이로그처럼, O 님의 하루도 누군가에겐 특별한 일상일 거라고.

'모먼트 로그' 레시피

재료

Day One 앱

재료 선정 팁

특정 앱이 아니어도 괜찮습니다. 스마트폰의 메모장이나 나만 볼 수 있는 SNS 비공개 계정도 훌륭한 기록 공간이 될 수 있어요. 사진과 텍스트를 한 화면에 담을 수 있는 곳이라면 어디든 좋습니다.

기록하는 법

1. 틈새 시간 포착하기

일상 속 틈새 시간을 찾아보세요. 지하철이나 버스를 기다릴 때, 커피 주문 후 나오기를 기다릴 때, 미팅 시작 전 일찍 도착했을 때, 약속 상대를 기다릴 때, 식당에서 음식이 나오기를 기다릴 때 등.

2. 제목 정하기

- '○○를 기다리며' 형식으로 제목을 써보세요. 예로, '지하철을 기다리며', '커피가 나오기를 기다리며'처럼요.

• 물론 다른 제목으로 적는 것도 괜찮아요.

3. 순간 포착하기(핵심!) 지금 이 순간, 나를 통과하는 감각들을 자유롭게 적어보세요.

- 시각: 지금 내 시선이 멈춘 곳(창밖의 계절감, 사람들의 옷차림, 빛, 색깔 등)
- 청각: 귓가를 스치는 소리(카페의 소음, 누군가의 목소리, 바람 소리 등)
- 후각: 코끝에 머무는 향기(은은한 커피 향, 비 온 뒤의 흙 내음 등)
- 촉각: 몸으로 느껴지는 감촉(공기의 온도, 손에 닿은 컵의 온기 등)
- 미각: 지금 입안에 머무는 맛(물 한 모금의 청량함, 민트맛 사탕의 화한 맛 등)
- 생각: 문득 떠오른 생각(사람, 지금의 기분, 추억 등)

4. 사진 첨부하기 그 순간의 풍경이나 분위기를 담은 사진을 찍어서 함께 저장해보세요. 나중에 기록을 다시 꺼냈을 때, 보다 더 생생하게 그날의 순간이 떠오를 거예요.

포인트

마음먹고 준비한 시간보다 일상을 살다가 우연히 마주친 5분의 틈새에서 감각은 더 활짝 열립니다. 기다림의 시간이 기록의 시간이 될 때, 하루는 조금 다르게 기억될 거예요.

NO. 019

축하의 진짜 의미에 대하여

#더 나아진 걸 축하해

오늘은 제 생일이에요. 지인들에게 생일 축하한다는 메시지를 많이 받았는데요. 정작 저는 하나도 기쁘지 않아요. 생일 케이크 위에 꽂힌 초의 수가 하나하나 늘어갈 때마다 '벌써 이 나이가 됐나?' 하고 우울해지거든요. 뭐 하나 제대로 하는 것 없이 나이만 먹는 것 같습니다.
20대 초반에는 시간이 흐르면 뭔가 대단한 어른이 되어 있을 줄 알았는데, 기대와 다른 현실에 실망감이 이루 말할 수 없어요.

_이룬 것 없이 나이만 먹어가는 게 두려운 A

나이 앞자리가 바뀌던 해의 생일이 기억나요. 지인들에게 축하를 받는데 기쁜 마음보단 싱숭생숭한 기분이 먼저 들더라고요. 모아둔 돈도 내 집도 없고, 미래는 여전히 안개 속인데 나이만 배달된 기분이었죠. 노화와 노후 걱정이 파도처럼 휘몰아치던 그 시절, 제 마음을 다독여준 건 뜻밖에도 호주 원주민들의 지혜였습니다.

미국인 의사가 호주 원주민 부족과 사막을 횡단하며 겪은 이야기를 담은 《무탄트 메시지》라는 책이 있어요. 책 속에 나오는 '참사람 부족'은 우리가 생일 케이크에 나이만큼 초를 꽂고 축하한다는 이야기를 듣고 고개를 갸웃거립니다. "나이를 먹는 건 특별히 노력하지 않아도 시간이 지나면 저절로 되는 건데, 왜 그걸 축하하나요?" 라고 되물으면서요. 당황한 의사가 그럼 당신들은 무엇을 축하하느냐고 묻자, 그들은 이렇게 답합니다.

> "나아지는 걸 축하합니다. 작년보다 올해 더 훌륭하고 지혜로운 사람이 되었으면 그걸 축하하는 겁니다. 그건 자기 자신만이 알 수 있습니다. 따라서 진심으로 축하할 때가 언제인가를 말할 수 있는 사람은 자기 자신뿐이지요."

그들은 자신이 새로운 기술을 익혀서 부족에 도움을 줄 때, 화를 다스리는 법을 배웠을 때, 영혼이 성장했다고 느껴질 때 본인이 직접 사람들에게 '나를 축하해달라'고 요청한대요. 그러면 부족 사람들이 모여서 축하 파티를 열어주고, 그 사람이 공동체에 얼마나 소중한 존재인지, 어떤 재능을 나누어 주었는지 이야기하며 인정하고 감사하는 시간을 갖는다고 하더라고요.

매년 생일이 되면 이 구절을 떠올립니다. 그리고 스스로에게 물어봐요. '축하해도 되겠니?' 더 나아진 게 있는지를 묻는 거죠. (웃음)

나아짐의 기준을 1㎜로 낮추기

그런데 막상 '나아진다'는 게 뭘까 생각하면 막막할 때가 많아요. 우리는 흔히 연봉 상승, 다이어트 성공, 자격증 취득 같은 거창한 결과물만 '나아짐'이라 부르곤 하니까요. A 님이 이룬 게 없다고 느끼는 건, 어쩌면 '나아짐'의 기준을 너무 높게 잡고 있기 때문인지도 몰라요.

원주민들이 말한 지혜로움은 대단한 스펙이 아닐 거예요.

화를 낼 상황에서 한 번 더 참아본 인내심, 누군가에게 건넨 따뜻한 말 한마디, 내 몸을 위해 일찍 잠자리에 든 선택처럼 일상 속 작은 태도의 변화를 말하는 거라 믿어요.

연말이 되면 SNS에서 유행하는 '성취 케이크' 영상을 본 적이 있나요? '운전면허 땀', '전 애인 잊음', '물 2리터 마심' 같은 문구를 케이크에 꽂고 스스로를 축하하거든요. 남들이 보기엔 사소할지 몰라도, 나에게 의미 있는 성취를 내가 먼저 알아보는 거죠. 우리 안에도 참사람 부족의 지혜가 조금씩 깨어나고 있는 게 아닐까요?

저도 요즘 비슷한 기록을 하고 있어요. 기록의 이름은 '더 나아진 걸 축하해' 줄여서 '더나축'이라고 불러요. 나아짐을 저축한다는 의미도 되더라고요. 방법은 아주 간단해요. 칸이 있는 탁상 달력에 어제보다 나아진 게 있는지를 적는 거예요. 얼마나 나아졌는지 숫자로 표현하자면 고작 1㎜정도일 거예요. 어떤 날은 돋보기로 봐야 보일 만큼, 어떤 날은 현미경으로 봐야 할 만큼 더 작을 수도 있죠.

'치킨에 공차까지 시키려다 공차만 시킴'

'책상 위에 있는 컵 싱크대에 가져다 놓음'

'가계부 시트를 이틀 연속 열었음'

'일하다가 손목 10번 돌려줌'

하찮은데, 좀 귀엽죠? 아주 간간이 1㎝ 정도의 나아짐도 있어요.

'자기 전에 스마트폰 한 시간 보던 것을 30분으로 줄임'

'남편에게 짜증 내지 않고 웃으면서 얘기함'

'엄마에게 안부 전화 안 미루고 했음'

예전엔 남들이 '축하해'라고 해줘야 뭔가 이룬 것 같았는데, 이젠 제가 스스로에게 건네는 축하가 제일 기분이 좋더라고요. "오늘도 고생했어. 축하 선물로 버블티에 펄 추가해도 돼."

A 님도, 저도 다가오는 생일엔 호주 원주민들처럼 스스로에게 당당하게 말할 수 있으면 좋겠습니다.

"나, 축하받아도 되겠어."

'더 나아진 걸 축하해' 레시피

재료

- 라이프앤피시스 메모 위클리 탁상 달력(세로형)
- 귀여운 스티커

재료 선정 팁

- 라이프앤피시스 탁상 달력에는 연력보다는 크고 다이어리보다는 작은 사이즈의 칸이 있어서 기록 분량에 부담이 없어요.
- 특별히 자축하고 싶은 날엔 귀여운 스티커를 붙여보세요.

기록하는 법

1. 비교 대상 바꾸기 남과 비교하지 마세요. 오직 '과거의 나'와 비교합니다. 어제의 나, 지난달의 나, 1년 전의 나보다 조금이라도 달라진 점을 찾아보세요.

2. 1㎜ 성장 포착하기	• 거창한 성과가 아니라 태도, 마음가짐, 습관처럼 눈에 보이지 않는 성장을 찾아보세요. • 아주 작을수록 발견하기가 쉬울 거예요.
3. 셀프 축하 의식	기록 끝에 '축하해' 혹은 '참 잘했어'라는 응원을 덧붙이세요. 내가 나에게 축하의 메시지를 보내는 거예요.
4. 누군가에게 축하를 요청하기	호주 원주민들처럼 정말 스스로 나아졌다고 느껴지는 순간에는 소중한 사람들에게 축하를 요청해 보세요. "나 오늘 이걸 해냈어, 같이 기뻐해줘"라고 말하는 것 자체가 또 하나의 성장이에요.

포인트

얼마나 많이 나아졌는지는 중요하지 않아요. 내가 나아지려고 애쓰고 있다는 사실, 그 사소한 1㎜의 노력을 내가 외면하지 않고 다정하게 지켜보고 있다는 '인식' 자체가 이미 우리를 더 나은 사람으로 만들어줍니다. 이 기록은 그 알아차림을 위한 가장 따뜻한 도구가 되어줄 거예요.

NO. 020

내일의 행복을 미리 주문합니다

#선불 행복 일기

지인이 감사 일기 노트를 사줬어요. 늘 다이어리 몇 장 쓰다 마는 사람이지만 올해는 좀 긍정적으로 살아보고 싶어서 선물 받은 노트를 개시했습니다. 문제는 한 일주일 쓰니까 쓸 말이 없다는 거예요.
그러다 보니 결국 '공기가 있어서 숨 쉴 수 있음에 감사', '오늘도 무사히 하루를 보냄에 감사', 이런 뻔한 말들을 쥐어짜듯 쓰게 돼요. 물론 맞는 말이긴 한데, 억지로 감사를 찾아내는 것 같아서 오히려 스트레스를 받습니다. 저만 이렇게 힘든가요?

_감사 일기를 쓰려다 마음만 불편해지는 Z

'오늘도 무사히 하루를 보냄에 감사'

'공기가 있어서 숨 쉴 수 있음에 감사'

Z 님, 혹시 제 감사 일기 훔쳐보신 건 아니죠? (웃음) 저도 노트 곳곳에 똑같은 문장이 적혀 있거든요. 물론 틀린 말은 아니에요. 오늘 하루를 무탈하게 보내는 것도, 숨 쉴 수 있는 것도 감사한 일이 맞으니까요.

문제는 그 일기를 쓸 때의 제 마음이었어요. 진심으로 우러나오는 감사가 아니라 '오늘 치 분량을 채워야 한다'는 의무감으로 애써 짜낸 문장이었거든요. 하루의 에너지를 다 쓰고 방전된 상태로 책상에 앉아 기억나지도 않는 하루를 더듬어가며 감사를 찾는 일. 그건 학창 시절 억지로 쓰던 일기 숙제나 다름없었어요.

저는 평소에 노트 사는 걸 정말 좋아해요. 당장 쓰지 않아도 예쁘면 일단 사두는 편이거든요. 그런데 감사 일기 노트만큼은 아무리 디자인이 마음에 들어도 사지 않게 되더라고요. 감사 일기를 써서 인생이 달라졌다는 이야기를 들을 때면 잠깐 흔들리다가도, 결국 또 중간에 그만둘 걸 알고 있어서 그랬나 봐요.

그러던 어느 날, 친구에게 손바닥만 한 작은 노트를 선물받았어요. 행운이나 감사한 일을 쓰라며 건넨 포장지 속에는 핑크색 표지에 초록색 네잎클로버가 새겨진, 보기만 해도 웃음이 나는 노트가 들어 있었죠. 보는 순간 '이 노트는 무조건 써야 한다'는 마음과 '또 금방 서랍 속으로 들어가면 어쩌나' 하는 걱정이 동시에 찾아왔어요.

이 노트에 새겨진 네잎클로버는 행운의 상징이죠. 가만히 생각해보니 행운과 감사, 그리고 행복은 서로 닮은꼴이더라고요. 뜻밖의 행운이 찾아오면 우리는 반사적으로 '감사합니다!'라고 외치고, 그 마음이 내 안에 차오르면 행복해지니까요. 이 셋은 이름만 다를 뿐, 같은 마음의 다른 얼굴이었어요.

그래서 저는 지나간 하루에서 억지로 감사를 찾는 대신, 순서를 바꿔보기로 했어요. 내일 나에게 찾아올 행운과 행복과 감사를 미리 주문하는 방법으로요. 이름하여 '선불 감사 일기'입니다.

다가오지 않은 시간을 기대하는 마음으로

일기에 이런 말을 쓴 적이 있어요.

> "나에게 행복이란, 다가오지 않은 시간을 기대하는 마음이다."

소풍 가서 김밥 먹고 노는 당일보다, 가방을 싸면서 잠 못 들던 전날 밤이 훨씬 더 설레잖아요. 엄마가 손질하는 김밥 재료만 봐도 가슴이 두근두근하고요. 다가올 내일을 상상하는 것만으로도 마음이 간질간질했던 그 기분. 행복에 어떤 모양이 있다면 엄마 옆에서 몰래 집어 먹던 못생긴 김밥 꽁다리처럼 생기지 않았을까요? 예쁘지 않아도 맛있고, 완벽하지 않아도 자꾸만 손이 가는 김밥 꽁다리 말이에요.

소풍 전날의 마음을 빌려, 그 김밥 꽁다리 같은 설렘을 기록하기로 했어요. 내일 일어날 기분 좋은 일을 상상해서 적고(주문), 문장 끝에 미리 '감사합니다'라고 덧붙이는 거예요(결제).

2025년 3월 12일 수요일

1. 행운과 행복 주문(상상하기)

오늘은 아침 일찍 나왔다. 딱 10분만 늦었어도 지하철에 끼어 오느라 버블티는 꿈도 못 꿨을 텐데. 다행히 지하철도 바로 착착 와준 덕분에 여유 있게 도착했다.

당 충전이 시급한 내 눈앞에 공차 매장이 보인다. 고민 없이 들어간다. '이런 날일수록 기본 메뉴가 좋지!' 펄 추가 700원이 아까워서 망설이던 시절이 있었는데, 사이즈 업그레이드에 펄 추가까지 고민 없이 결제하는 나. 오, 좀 멋진데?

"16번 고객님, 주문하신 타로 버블티 나왔습니다."

직원분의 목소리가 내 귀엔 이렇게 들린다. '사이즈 업, 펄 추가하신 손님! 달달한 버블티 한 잔으로 아침이 즐거우시겠어요' 나는 '네, 맞아요. 저 지금 행복해요'라는 표정으로 한입 쭉 들이켰다.

2. 선불 결제(미리 감사하기)

타이밍을 잘 맞춰 도착한 지하철에 감사합니다.

달달한 버블티 한 잔으로 아침을 기분 좋게 시작할 수 있어서 감사합니다.

700원의 사치를 누릴 수 있는 여유로움에 감사합니다.

다음 날 아침, 놀랍게도 저는 출근길에 여유 있게 지하철을

탔고, 맛있는 타로 버블티를 마셨어요. 선불 감사 일기를 쓰지 않았다면 평범한 출근길이었을 텐데, 버블티를 한 모금 마시는 순간 전날 일기에 적어뒀던 내용이 떠오르며 영화 속 주인공이 된 것 같더라고요. 나를 위해 미리 써둔 기분 좋은 시나리오대로 일상을 살아가는 사람. 어제 주문한 행운과 행복이 오늘 어떤 모습으로 배달될지 기대하며 하루를 살아가는 명랑한 주인공 말이에요!

작은 행복들을 알아차리도록

며칠 뒤 타로 버블티를 마시러 카페에 들렀어요. 음료가 나오길 기다리는데 옆 테이블에 있는 다섯 살쯤 돼 보이는 꼬마가 엄마한테 이런 말을 하더라고요. "엄마랑 카페 와서 맛있는 거 먹으니까 너무 좋다. 나랑 여기 와줘서 고마워."

세상을 다 가진 것 같은 아이의 표정을 보며 생각했어요. 작은 것에도 감동하고 감탄하는 마음, 당연한 걸 당연하게 여기지 않고 감사하는 마음이 나에게도 있었을 텐데 언제부터 잃어버렸을까 하고요. 사실 그 마음은 잃어버린 게 아니라 그냥 잊고 있었던 것뿐인지도 몰라요. 다시 알아차리는 연습이 조금 필요할 뿐.

《곰돌이 푸, 행복한 일은 매일 있어》라는 책에서 피글렛이 푸에게 묻습니다. "넌 언제가 제일 좋아?" 푸는 잠시 생각하다 이렇게 대답하죠.

> "있잖아, 꿀을 먹는 건 참 좋은 일이지만, 꿀을 먹기 직전의 그 순간이 먹을 때보다 더 행복한 것 같아."

미리 써둔 감사가 그대로 찾아올 때도 있고, 전혀 알 수 없는 모습으로 존재하는 바람에 애써서 찾아야 될 때도 있어요. 그래도 괜찮아요. 푸가 꿀을 먹기 직전의 순간을 더 행복해했던 것처럼, 미리 감사할 일을 기록하고 내일을 기대하는 이 순간이 이미 충분히 행복하니까요.

'선불 행복 일기' 레시피

재료

스쿨 하우스 럭키 핸디수첩

재료 선정 팁

내가 좋아하는 그림이 그려져 있거나, 보기만 해도 마음이 몽글몽글해지는 디자인의 수첩을 골라보세요. 예쁜 표지를 마주하는 것만으로도 이미 행복한 조각을 주문한 셈이니까요.

기록하는 법

1. 상상하기

내일 나에게 어떤 행운과 행복한 순간이 찾아오면 좋을지 미리 상상해보세요. 내일의 일정을 천천히 훑어보며 그 사이사이에 기분 좋은 장면들을 끼워 넣으면 훨씬 쉬워요.

-예: 회의가 생각보다 일찍 끝나서 여유롭게 차를 한 잔 마셨다.

2. 결제하기

주문한 행복이 이미 나에게 도착한 것처럼 문장을 적어보세요. 포인트는 문장 끝에 '감사합니다'를 붙여 미리 결제(확정)를 마치는 거예요.

- 예: 오랜만에 만난 친구와 대화가 너무 즐거워서 감사합니다.

3. 주문 확인하기

전날 썼던 감사 일기를 읽어보며 오늘의 감사를 떠올려보세요.

- 주문한 대로 왔나요? 내가 미리 쓴 일기가 나를 영화 속 주인공으로 만들어줄 거예요.
- 예상과 다른 모습으로 왔나요? 그 또한 뜻밖의 선물이라 생각하며 감사한 이유를 발견해보세요.
- 아직 오지 않았나요? 실망할 필요 없어요. 내일 다시 주문하면 되니까요.

포인트

선불 감사 일기는 내일을 기대하게 만드는 마법 같은 힘이 있어요. 내 일상의 시나리오를 직접 쓰는 작가이자 주인공이 되는 연습이죠. 내가 나를 위해 예약해둔 행복을 하나씩 찾아내며 웃음 짓는 순간, 나의 삶을 더욱 사랑하게 될 거예요.

에필로그

"쓰는 만큼 단단한 내가 된다"

2025년도의 뉴욕 마라톤이 끝난 바로 다음 날, 〈뉴욕타임즈〉에는 무려 여섯 페이지에 달하는 나이키 광고가 실렸습니다. 영광의 순간이 담긴 멋진 사진이 아닌, 러너들의 고통과 혼돈의 순간을 텍스트로 나열한 광고였죠. 정강이 통증, 물집, 근육 경련, 레이스 도중 찾아오는 실존적 공포 등 광고 속에는 러너들이 겪는 신체적·정신적 고통을 가감 없이 묘사한 문장으로 가득했어요. 얼핏 보면 도대체 이 힘든 걸 왜 하는 건지, 미련한 러너들의 이야기처럼 들립니다. 하지만 마지막 문장은 이렇게 끝나죠.

> "내년에 이 짓을 또 하게 될 것 같은, 가슴이 쿵 내려앉고, 떨쳐낼 수 없으며, 끔찍하고도 멋진 예감이 든다."

광고를 읽는데 가슴이 뛰었습니다. 러너들만이 아는 뜨거운 해방감, 끔찍하고도 멋진 예감, 그 모순적인 감정이 낯설지 않았어요. 제가 매일 밤 책상 앞에서 느끼는 감정과 꼭 닮아 있었거든요.

러너들이 러닝을 놓지 못하듯, 제게도 놓으려야 놓을 수 없는 지긋지긋한 사랑이 있습니다. 바로 기록이에요. 써 내려가는 시간은 꽤 낭만적이죠. 사각거리는 펜 끝의 감촉, 종이 스치는 소리, 좋아하는 문장이 한 줄씩 채워지는 노트를 바라보는 뿌듯함 같은 것들. 게다가 삶이 정리되고, 나를 이해하게 되고, 내가 살아온 시간이 눈에 보이기도 해요.

솔직히 고백하자면, 기록은 그렇게 우아하고 근사하지만은 않습니다. 오히려 마라톤처럼 매 순간 나 자신과 싸워야 하는 지난한 레이스에 가깝죠. 제가 지난 수년간 매일 밤 펜을 들고 분투하며 얻은 것은, 이런 것들이었습니다.

마주하기 싫은 나의 지질한 민낯
새벽 2시에 쓴 오글거리는 문장
작년과 토씨 하나 다르지 않은 고민의 도돌이표
지키지도 못할 계획으로 가득 찬 첫 페이지의 허세
여전히 성장하지 못한 것 같은 패배감
점점 방의 공간을 잠식해오는 노트와 문구들
오른손 중지에 박인 딱딱하고 못생긴 굳은살
아무리 씻어도 지워지지 않는 손바닥의 잉크 자국
장비 욕심에 사 모은 문구들
괜히 더 예민해진 감수성
굳이 기억하지 않아도 될 상처의 기록
나만 아는 쓸데없는 비장함

종이에 베인 손가락의 쓰라린 상처
조심성 없이 커피를 쏟아 쭈글쭈글해진 노트의 참담함
하루라도 밀리면 숙제처럼 다가오는 압박감
빈칸을 채워야 한다는 강박

이 리스트만 보면 당장이라도 쓰는 일을 멈추는 게 합리적인 선택처럼 보여요. 하지만 이 수많은 마이너스의 요인들을 전부 합친 것을 뛰어넘는 단 하나의 이유가 저를 다시 책상에 앉게 합니다.

"나를 잃어버리지 않았다는 안도감"

세상이 요구하는 속도에 휩쓸려 내가 누구인지조차 희미해질 때 혹은 도무지 알 수 없는 내 마음 때문에 길을 잃을 때, 잉크 묻은 손으로 꾹꾹 눌러 쓴 문장들이 저를 붙잡아주었습니다. 비록 알아보기 힘든 글씨에 비문 투성이고, 상처 가득한 기록일지라도 그것은 누구의 것도 아닌 오직 '나의 것'이니까요.

우리는 우리가 쓴 대로 살아갑니다. 내가 쓴 흑역사가 나를 키웠고, 내가 쓴 고민들이 나를 단단하게 만들었어요. 내가 쓴 꿈과 다짐들이 나를 여기까지 데려왔고요. '쓰는 만큼 내가 된다'는 말, 저는 그 말을 믿습니다. 그래서 또다시 이 지긋지긋하고도 사랑스러운 기록을 이어나가려고요. 새 다이어리 앞장에 뭘 적을지 망설이다 이렇게 적었습니다.

"쓰는 만큼 단단해질 나의 세계와 당신의 세계를 응원하며."

참고 자료

곰돌이 푸 원저, 《곰돌이 푸, 행복한 일은 매일 있어》, 알에이치코리아

도야마 시게히코 저, 《생각의 도약》, 페이지2북스

말로 모건 저, 《무탄트 메시지》, 정신세계사

묘엔 스구루·사사키 히나·마나코 지에미 글, 이지수 역, 《좋은 사람 도감》, 서교책방

사사키 겐이치 저, 《새로운 단어를 찾습니다》, 뮤진트리

아사오 하루밍 저, 《3시의 나》, 북노마드

윤광준, 《심미안 수업》, 지와인

정혜신, 《당신이 옳다》, 해냄

완벽하지 않아도 괜찮아요.

멋진 문장이 아니어도 좋아요.

나만의 속도를 존중하며 쓰는 시간을 가져 보세요.

그렇게 쓰는 시간은 결국,

세상에 하나뿐인 나만의 레시피가 될 테니까요.

쓰는 만큼 ____ 내가 된다

초판 1쇄 발행 · 2026년 3월 6일
초판 2쇄 발행 · 2026년 3월 13일

지은이 · 리니
발행인 · 이종원
발행처 · (주)도서출판 길벗
브랜드 · 더퀘스트
주소 · 서울시 마포구 월드컵로 10길 56(서교동)
대표전화 · 02)332-0931 | **팩스** · 02)322-0586
출판사 등록일 · 1990년 12월 24일
홈페이지 · www.gilbut.co.kr | **이메일** · gilbut@gilbut.co.kr

기획 및 책임편집 · 오수영(cookie@gilbut.co.kr)
제작 · 이준호, 손일순, 이진혁 | **마케팅** · 정경원, 정지연, 이지원, 이지현 | **유통혁신** · 한준희
영업관리 · 김명자 | **독자지원** · 윤정아

교정 · 김순영 | **디자인** · *studio* weme | **일러스트** · 헬로양갱 | **CTP 출력 및 인쇄** · 예림 | **제본** · 예림

ISBN 979-11-407-1775-0(03810)
(길벗 도서번호 090289)

정가 18,000원